Seitwärts unterwegs
Mit Seitengängen sinnvoll gymnastizieren

Seitwärts unterwegs

Mit Seitengängen sinnvoll gymnastizieren

von Johannes Beck-Broichsitter

*Meinem Vater gewidmet, dem ich mehr verdanke,
als mir damals bewusst war.*

Impressum

Copyright © 2009 by Cadmos Verlag, Brunsbek
Gestaltung und Satz: Ravenstein + Partner, Verden
Titelfoto: Christiane Slawik
Fotos: Christiane Slawik
Zeichnungen: Archiv Cadmos, Philippe Karl, Maria Mähler
Lektorat: Anneke Bosse
Druck: Westermann Druck, Zwickau
Alle Rechte vorbehalten.

Abdruck oder Speicherung in elektronischen Medien
nur nach vorheriger schriftlicher Genehmigung durch den Verlag.

Printed in Germany

ISBN 978-3-86127-458-2

Inhalt

Vorwort	7
Einleitung	9
Vom Sinn und Zweck der Seitengänge	11
Geschichte	11
Eine kurze Definition	14
Warum Seitengänge	18
Voraussetzungen von Pferd und Reiter	21
Natürliche Schiefe und erstes Geraderichten	21
Über die Anatomie	26
Definition Längsbiegung	27
Gedanken zur Ausbildungsskala	27
Gedanken zu den Hilfen	31
Vorbereitende Übungen: den Seitengängen auf der Spur	35
Vorübungen vom Boden	35
Vorübungen an der Longe	35
Vorübungen an der Hand	39
Vorübungen unter dem Sattel	46
Arbeit an Stellung und Biegung	46
Schenkelweichen	48
Schultervor	51
Reiten in Stellung	54
Über die Seitengänge an sich	57
Schulterherein	57
Gymnastischer Wert und Nutzen für die Ausbildung	59
Hilfengebung	59
Entwicklung der Übung	60
Typische Fehler und mögliche Korrektur	61
Weiterführende Übungsabläufe	65
Konterschulterherein	70
Gymnastischer Wert und Nutzen für die Ausbildung	70
Hilfengebung	71
Entwicklung der Übung	72
Weiterführende Übungsabläufe	72

Travers	74
Gymnastischer Wert und Nutzen für die Ausbildung	75
Hilfengebung	75
Entwicklung der Übung	76
Typische Fehler und mögliche Korrektur	76
Weiterführende Übungsabläufe	79
Renvers	86
Gymnastischer Wert und Nutzen für die Ausbildung	87
Hilfengebung	88
Typische Fehler und mögliche Korrektur	88
Entwicklung der Übung	90
Weiterführende Übungsabläufe	92
Traversale	94
Gymnastischer Wert und Nutzen für die Ausbildung	94
Hilfengebung	95
Entwicklung der Übung	96
Verschiedene Traversalverschiebungen	97
Typische Fehler und mögliche Korrektur	97
Weiterführende Übungsabläufe	101
Schulterherein „spezial"	105

Seitengänge in der Praxis ... 111

Andrea Glink und Pico – Beweglich-Machen durch Seitengänge	111
Andrea Hinz und Cahina – von der Schub- zur Tragkraft	113
Astrid Brinkmann und Lucia – Eifer in richtige Bahnen lenken	114
Christina Packeiser und Lancaster – neue Abläufe gegen ein altes Schema	115
Johannes Beck-Broichsitter und Wallenstein – durch Plan G (Gelände) zu Vertrauen und Sicherheit	117
Serviervorschlag einer Unterrichtseinheit	118
1. Phase: Gewöhnungsphase	118
2. Phase: Entwicklung der Schubkraft	118
3. Phase: Entwicklung der Tragkraft	119
Gedanken zur pädagogischen Gestaltung	119

Schlussbetrachtung und Ausblick ... 121

Anhang ... 125

Danke	125
Literatur	127

Vorwort

Johannes Beck-Broichsitter ist geprägt durch reiterliche Persönlichkeiten, die sich mit der klassischen Reiterei erfolgreich befasst und in der Lehre bedeutende Akzente gesetzt haben. Dadurch hat er auch Erfahrungen in unterschiedlichen Reitstilen gesammelt. Im System der klassischen Reiterei können, abhängig von verschiedenen Randbedingungen, unterschiedliche Methoden zum Ziel führen. Sie müssen einander nicht ausschließen, sondern können einander ergänzen. Was für einen bestimmten Reitstil von zentraler Bedeutung ist, wird besonders intensiv bearbeitet. Was sich am äußeren Rand der Betrachtung befindet, wird eher vernachlässigt. Das kann aber für einen anderen Reitstil Priorität haben und deshalb dort in der Ausbildung besonders berücksichtigt werden. Ist zum Beispiel in der klassischen Dressur die Gymnastizierung des Pferdes zentrales Thema, so ist es im Bereich der Westernreiterei die Gelassenheit auch unter außergewöhnlichen Umwelteinflüssen. Vertreter beider Reitstile können unter Berücksichtigung klassischer Prinzipien voneinander profitieren.

Diese Zusammenhänge berücksichtigt Johannes Beck-Broichsitter im Unterricht, um seinen zweibeinigen Schülern zum Wohle ihrer Pferde einen möglichst weiten Horizont zu vermitteln. Ausdruck dieser Grundhaltung, Erkenntnisse anderer frei von Vorurteilen im Hinblick auf die Anwendbarkeit zu prüfen, ist das hier vorliegende Buch mit vielen Aspekten zum Thema Seitengänge. Es ist damit ein wesentlicher Beitrag zur Toleranz im Bereich der Reiterei. Die menschliche Eitelkeit führt gerade auf diesem Gebiet zu häufig überflüssigen Lehrmeinungsstreitigkeiten. Unwillkürlich wird man an die Beobachtung erinnert: „Jeder Pfau hat die schönsten Federn!" Möge es Johannes Beck-Broichsitter durch eine weite Verbreitung dieses Buches gelingen, unterschiedliche Lehrmeinungen zu harmonisieren!

Richard Hinrichs
Wedemark, im Januar 2009

Einleitung

„Kontaktaufnahme Seitengänge" war der Arbeitstitel dieses Buches, da er sehr treffend beschreibt, worum es mir letztendlich in meinen Ausführungen geht: um den Abbau eventueller Hemmschwellen und das Aufzeigen eines praxisorientierten Zugangs zu den Seitengängen als unverzichtbares Element der Gymnastizierung für jedes gerittene Pferd. Dabei steht für mich ohne Zweifel die Frage im Vordergrund: „Bin ich jederzeit in der Lage, draußen im Gelände mit meinem Pferd von A nach B zu reiten und auch zu dem gewünschten Zeitpunkt dort anzukommen?" Das ist die Idee, vielmehr die Forderung, die ich an die Ausbildung eines Pferdes stelle.

Unterstützen können mich hierbei die Seitengänge wie sonst keine anderen Übungen in der Reiterei. Sie bilden eine wesentliche Stütze in jeder Phase der Ausbildung – sei es beim Heranführen an das seitliche Geschmeidig-Machen, Absichern und Vorbereiten verschiedener Übungsabläufe oder bei der Verbesserung höherer Lektionen durch den interessanten Wechsel mit anderen Übungen. Von diesen Dingen soll in diesem Buch berichtet werden.

Mir ist bewusst, dass das Thema Seitengänge zu umfangreich ist, als dass man erschöpfend auf alles eingehen könnte. Daher leiteten mich drei Dinge beim Schreiben:
1. dem lernenden Paar den Einstieg so anschaulich wie möglich zu machen und einer Scheu vor den Seitengängen vorzubeugen beziehungsweise nach dem ersten Kennenlernen „Lust auf mehr" zu bekommen,
2. dem erfahrenen Reiter auf dem Weg zu anspruchsvolleren Lektionen Abläufe an die Hand zu geben, mit denen er arbeiten und aus denen heraus er eigene Ideen entwickeln kann,
3. immer wieder hervorzuheben, dass die Seitengänge nicht zum Selbstzweck geritten werden, sondern ihren Bezug zur Realität behalten müssen. Dabei kann die Ausführung der Seitengänge auch immer nur so gut sein, wie sie für die Gesamtausbildung hilfreich ist – auf diesen für mich zentralen Satz komme ich häufiger zurück.

Ferner möchte ich dem (viel) alleine Reitenden – sozusagen als Hilfestellung – nicht nur die Voraussetzungen und die Entwicklungsübungen von Seitengängen präsentieren, sondern biete auch jeweils eine kurze Zusammenfassung, die dabei helfen soll, die richtige Ausführung herauszufühlen, bis es zur Nachkontrolle wieder in den Unterricht geht.

Ein weiteres Kapitel beschäftigt sich mit der schon fast „ewigen" Frage nach der Gewichtsverteilung im Schulterherein. Hier bin ich der Sache in der Literatur und bei heutigen Meistern auf den Grund gegangen.

Eines sei noch gesagt: Es steht außer Zweifel, dass der Gesundheit aller Beteiligten ebenso wie der Ausrüstung und der Lernatmosphäre besondere Bedeutung beigemessen werden muss. Dies setze ich als Grundlage voraus und werde insofern nicht intensiv darauf eingehen.

Ich hoffe somit, jedem Leser eine Menge Anregungen durch dieses Buch geben zu können, und beende meine Einleitung mit einem Wunsch, angelehnt an ein Zitat von Goethe: „Wer vieles bringt, wird manchem etwas bringen und jeder geht zufrieden aus der ... Reithalle."

Vom Sinn und Zweck der Seitengänge

Bevor ich aus der Sichtweise der Praxis heraus ins eigentliche Thema einsteige, möchte ich vorab einige ergänzende Gedanken darstellen, die meine Vorgehensweise beim Unterricht beschreiben und es dem Leser einfacher machen, den Sinn und Zweck der Seitengänge aus meiner Sicht nachzuvollziehen.

Geschichte

Das Zusammenleben zwischen Pferd und Mensch war immer und ist auch heute nach wie vor der jeweiligen Notwendigkeit der Zeit unterworfen. In den rund 6000 gemeinsamen Jahren war das Verhältnis hauptsächlich davon gekennzeichnet, dass das Pferd dem Menschen das Überleben sicherte – sei es als Fleischlieferant oder im Kriegsdienst.

Natürlich war – und ist – die Beziehung zwischen Pferd und Mensch aber auch durch andere, weniger das Leben des Pferdes bedrohende Aspekte geprägt, zum Beispiel in seinen Funktionen als Zugtier, Fortbewegungsmittel, Kampfross im Turnier, Repräsentationsobjekt, Kunstwerk, Freizeitpartner, Sportgerät, Therapeut oder einfach nur als Lebenspartner.

Bei Pferden, die in vergangenen Zeiten für den Kriegsdienst ausgebildet wurden, war zu unterscheiden zwischen der Ausbildung zum Fahr- oder Reitpferd. Unabhängig vom Verwendungszweck mussten beide sicher und ohne unnötige Kraftverluste am Schlachtfeld ankommen und sich auch während des Kampfgetümmels trotz aller Gefahren leiten lassen. Wer ein gut ausgebildetes Pferd besaß, das seinem Reiter folgte, überlebte. Davon konnte letztlich auch das Überleben eines Volkes abhängen. Insofern war man schon recht früh gezwungen, sich Gedanken über eine sinnvolle und zweckmäßige Ausbildung und Zucht zu machen.

Ich kann hier nur kurz auf Stationen oder wichtige Ausbilder in ihrer Zeit eingehen und die für uns hilfreichen, sachdienlichen Hinweise zum Thema seitliches Geschmeidig-Machen oder sogar Schulterherein beschreiben.

Beginnt man mit der Betrachtung in Griechenland, so landet man bei Xenophon um 400 v. Chr. Neben seinen Ausführungen zur Psychologie des Pferdes, zum Ankauf und zur Jungpferde- und Reitknechtausbildung ist für uns seine Beschreibung zur Arbeit auf dem Zirkel besonders nützlich. Das Pferd lernt hier, sich „auf beiden Kinnladen wenden zu lassen". Es geht also um die Stellung und die Biegung. Ferner ließ er durch den Zirkel wechseln oder halbe Zirkel abwechselnd mit geraden Linien reiten.

Hierbei sprach er bereits vom Versammeln in den Wendungen zur Verbesserung des Gleichgewichts. Außerdem – das wird die Westernreiter freuen – ist sinngemäß auch von Stops und kurzen Sprints oder Rollbacks (zum Beweglichmachen der Vorhand) die Rede.

Ende des 16. Jahrhunderts beschrieb Georg Engelhard von Löhneysen das Reiten von Volten mit in das Kreisinnere gerichteter Hinterhand – eine Form von Travers. (Zeichnungen: Archiv Cadmos)

Nach dem Überspringen vieler Jahrhunderte wenden wir uns jetzt dem Italiener Frederico Grisone im ausgehenden 16. Jahrhundert zu. Er gilt als einer der bedeutendsten Reitmeister seiner Zeit und wird als der Vater der Reitkunst angesehen, da er sich als Erster nach fast 2000 Jahren „Abstinenz" wieder ganzheitliche Gedanken um die Pferdeausbildung machte.

Grisone erkannte unter anderem den Wert der Trabarbeit zur Verbesserung der Tragkraft, für bessere Hankenbeugung das Reiten auf dem Zirkel oder an einem Hang. Ebenso geht er auch auf ein „Feststellen der Pferde im Widerrist" ein. Jedoch „sanft, damit ihm der Hals nicht schlenkrig werde".

Gut 50 Jahre später wurde von dem deutschen Reitmeister Georg Engelhard von Löhneysen bereits das Reiten auf Volten beschrieben, wobei alternativ die Vorhand oder auch die Hinterhand einen kleineren Kreis beschreiben sollte (also in einer Art Schulterherein beziehungsweise Travers).

Durch einen Schüler Grisones kamen dessen Lehren und Ideen unter anderem nach Frankreich, wo im 17. Jahrhundert Antoine de Pluvinel am Hofe Ludwigs XIII. tätig war. Er befasste sich ausführlich mit der Arbeit an der Hand, da sie „den Geist nachsinnig machen und mehr dem Kopf als dem Körper Arbeit machen". Ferner setzte er sich für eine mildere Ausbildung der Pferde ein – ein Thema, das auch damals schon aktuell gewesen sein muss.

Von ihm sind unter anderem Übungen überliefert wie Wendungen um einen Pfahl oder Wendungen und Seitwärtstreten unter dem Reiter mit besonderem Augenmerk auf das Vorwärts, weil dadurch das Pferd in „seiner Cadenz und guten Positur" bleibe. Hier finden sich also erste Ideen für Seitengänge. Jedoch war es ihm, der, einfach gesagt, in einer Art Rittersattel saß, nicht wie den späteren

Er stand schon im 17. Jahrhundert für eine milde, dem Pferd gerecht werdende Ausbildung: Antoine de Pluvinel, hier bei einer Unterweisung von König Ludwig XIII.

Generationen möglich, direkten Kontakt mit dem Pferdebauch herzustellen. Jegliche Biegearbeit oder das Bewegen der Hinterhand wurde mit gestrecktem Bein und Sporen erreicht.

Im England des 17. Jahrhunderts empfahl William Cavendish Duke of Newcastle die Übung „Kopf in die Volte" ebenso wie auch bereits ein erstes Kruppeherein und -heraus auf der Volte. Ebenfalls von ihm stammt die Erkenntnis, dass ein Pferd nur versammelt sein kann, wenn die Hinterbeine eng aneinander vorbeifußen (Schmalspur gehen).

Aus dieser Zeit stammen bereits die Ideen des ebenfalls deutschen Stallmeisters Pinter von der Aue nach einem „haarfühlenden, mitatmenden Schenkel" und einem Sattel, der es dem Reiter ermöglicht, das Knie zu winkeln. Seine Sattelidee hat sich jedoch erst fast 70 Jahre später durchgesetzt. Wie man sieht: Auch damals hatten es Angestellte in Reitbetrieben nicht leicht ...

Den sogenannten „Balancesattel" brachte dann letztendlich François Robichon de la Guérinière Anfang des 18. Jahrhunderts auf den Markt. Jetzt war es endlich möglich, das Pferd ganzheitlich durch Einrahmen mit allen Hilfen zu schulen.

La Guérinières „Balancesattel" machte es erstmals möglich, das Pferd mit den Hilfen wirklich einzurahmen.

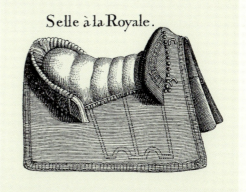

War die Reiterei des Barock besonders in Frankreich noch Teil der Kunst, des höfischen Lebens, so bildete die französische Revolution einen gravierenden Einschnitt, der beinahe ein Vergessen der Reitkunst zur Folge gehabt hätte, wenn sich nicht zum Beispiel die Spanische Hofreitschule in Wien schon früh La Guérinières Lehren verschrieben hätte. Viele bedeutende Ausbilder damaliger und heutiger Zeit nutz(t)en daher die Chance, von den dortigen Bereitern zu lernen. So bleibt ein Teil gewachsene europäische Kultur bis in unsere Zeit erhalten und bewahrt.

Der „Erfinder" des Schulterherein: François Robichon de la Guérinière mit einem seiner Schüler. (Zeichnung: Archiv Cadmos)

Ob er auch das Schulterherein „erfunden" hat, lässt sich heute nicht mehr mit Sicherheit sagen, zumal Reitmeister vor ihm bereits über Übungen sprachen, die sich sehr nach ersten Seitengängen anhören. La Guérinière ist jedoch der Erste, der Schulterherein auf gerader Linie reiten lässt. Er hat alles, was er als Wesentliches der Übungen seiner Vorgänger ansah, zusammengefasst und uns die Mutterübung aller Seitengänge beschert, allerdings auf vier Hufschlaglinien. Seine Lehren werden auch heute noch bei allen, die sich auf die klassische Reitkunst berufen, als die Grundlage schlechthin angesehen. Erstaunlich nur, dass gerade er nichts über die Gewichtsverteilung im Schulterherein schreibt – eine Frage, die heute gern und oft diskutiert wird (siehe auch ab Seite 105).

Eine kurze Definition

Als Seitengänge bezeichnen wir Lektionen, bei denen das Pferd gestellt und gebogen ist. Es bewegt sich auf drei beziehungsweise vier Hufschlaglinien in einer ständigen Vorwärts-Seitwärts-Bewegung in Versammlung. Wir unterscheiden zwischen Schulterherein, Travers, Renvers und Traversalen. Letztere werden durch ihren Abstellungswinkel und verschiedene Kombinationsmöglichkeiten noch einmal unterteilt.

Ferner zählt man die entsprechenden Konterlektionen hinzu, wobei es eine „echte" nur im Schulterherein gibt, da Kontertravers gleich Renvers und umgekehrt ist.

Keine Seitengänge im eigentlichen Sinne, jedoch zur „Familie" gehörend, sind Schultervor und das Reiten in Stellung. Sie werden auch gern als „halbes Schulterherein" oder „halbes Travers" bezeichnet, da sie Pferd und Reiter eine erste Idee der weiteren Seitengänge geben.

Die Seitengänge auf einen Blick

Schulterherein

Travers beziehungsweise Renvers auf der Mittellinie

Konterschulterherein

Traversale

Die Gleichheit der Seitengänge

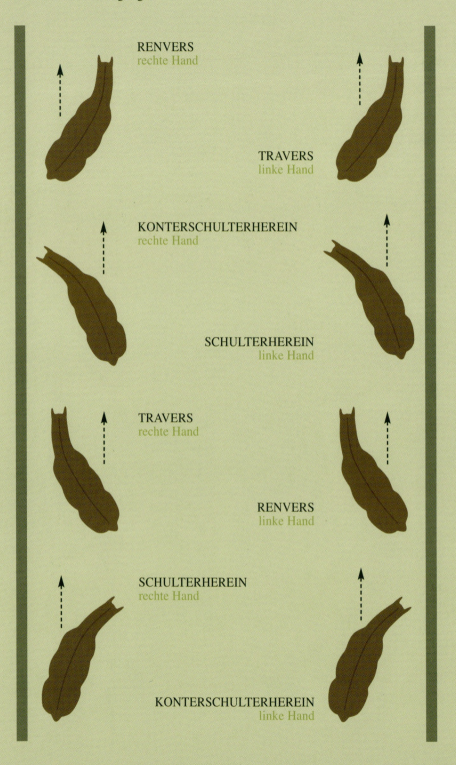

Anschaulich und einfach dargestellt: die Gleichheit der Seitengänge bei identischer Biegung und Abstellung.

Das Ergebnis der Dressurarbeit soll nicht nur das sichere Reiten im Gelände sein. Umgekehrt muss ich auch draußen in der Lage sein, „mal eben" Dressur zu reiten.

Nicht mehr so geläufige Begriffe sind „Trabstellung" für Schultervor und „Galoppstellung" für Reiten in Stellung. Die Begriffe rühren daher, dass – einfach gesagt – die Trabstellung den Trab verbessert, es dem Pferd so aber auch schwerer fällt anzugaloppieren, wohingegen die Galoppstellung dieses gerade fördert.

Heutzutage werden auf FN-Turnieren die Seitengänge ab der Klasse M, also bei abgesicherter Versammlung gefordert, Schulterherein zum Beispiel bis hin zur S7 (Intermediaire I-Niveau). Von Travers und Renvers sind die Dressurreiter ab der M6 beziehungsweise M7 „befreit". Ab hier liegt der Schwerpunkt bei den Traversalverschiebungen. Hingegen müssen die Vielseitigkeitsreiter zum Beispiel in Zwei-Sterne-Prüfungen (Klasse M) weiterhin Travers und Schulterherein zeigen, in Drei- und Vier-Sterne-Prüfungen (Klasse S) Schulterherein und zusätzlich die Traversalen.

S eitengänge werden immer wieder falsch geritten. Ungleicher Übertritt, ungleicher Vortritt, ohne Stellung und Biegung, falsche Stellung und so weiter. Oft haben wir bei Seitengängen Takt- und Schwungverlust.
Seitengänge sind einer der Prüfsteine für gut gerittene Pferde.

Egbert Röschmann, internationaler Dressurrichter

Warum Seitengänge?

Das Schöne an den Seitengängen ist, dass gerade sie nicht zum Selbstzweck geritten werden, sondern allen Beteiligten ungeahnte Möglichkeiten an die Hand geben, sich positiv zu verändern.

Selbst das erste „Ausprobieren" bietet schon eine Menge Möglichkeiten der Gymnastizierung, aber auch gleichzeitig Reflektion des eigenen Handelns.

Die Vorzüge der Seitengänge für das Pferd sind:

- geraderichtende Arbeit
- Kräftigung der Muskulatur, speziell Verbesserung der Beugefähigkeit und Tragkraft der Hinterhand
- Verbesserung des Gleichgewichts und damit der Schulterfreiheit
- Verbesserung von Beweglichkeit und Aufmerksamkeit
- Förderung geistiger Sammlung und verlängerter Konzentration
- Schulung des Körpergefühls
- Förderung von Vorwärts und Vorwärtsdrang
- Schulung des Gehorsams auf die Hilfen
- Geschmeidig-Machen und Durchlässigkeit verbessern bis ins hohe Alter

- Erarbeitung von Abläufen mit Wiedererkennungswert, auf die später zurückgegriffen werden kann
- Überwindung von Schwierigkeiten durch gezielte Arbeit
- Lösen (im fortgeschrittenen Stadium)

Vorzüge für den Reiter:

- Effektive Bearbeitung der natürlichen Schiefe
- Erlernen einer dosierten Hilfengebung
- Bewussteres Kennenlernen des Einsatzes von Gewichtshilfen
- Bewusster Einsatz von Seitengängen in der Arbeit
- Schulung der diagonalen Hilfengebung und der Einrahmung des Pferdes

- Entwicklung von Problemlösungen durch gezielten Einsatz der Seitengänge
- Lernen, auch mit wenig zufrieden zu sein

Vorzüge für den Ausbilder:

- Schulung der Analyse des Bewegungsablaufs
- Erkennen der individuellen Stärken und Schwächen von Pferd und Reiter
- Zusammenstellung von Unterrichtseinheiten, die gegebenenfalls mehr Kopf als Körper fordern
- Erarbeitung „benutzerdefinierter" Abläufe für jedes Reiter-Pferd-Paar
- Wecken eines Gespürs beim Schüler für verschiedene Lösungsstrategien
- Förderung der „Lust auf mehr"

Voraussetzungen von Pferd und Reiter

Dass jedes Pferd und natürlich auch jeder Mensch von Haus aus schief sind, ist bekannt. Wenn jetzt jedoch zwei schiefe Lebewesen aufeinandertreffen und etwas vollbringen wollen, kann es leicht zu Komplikationen führen. Daher soll das nachfolgende Kapitel sozusagen einen geistigen Grundstein für die effektive Vorgehensweise legen.

Natürliche Schiefe und erstes Geraderichten

Jedes Pferd ist von Natur aus „schief", das heißt, es besitzt eine angeborene Schiefe der Wirbelsäule. Diese ist vergleichbar der Rechts- oder Linkshändigkeit bei den Menschen und wird auch dadurch begünstigt, dass die Vorhand schmaler ist als die Hinterhand. So zeigt sich ein ungerittenes Pferd von hinten gesehen nie hufschlagdeckend oder geradegerichtet, das heißt, Hinterhand und Vorhand sind noch nicht aufeinander eingespurt. Die Schiefe ist insofern auch eine natürliche Notwendigkeit, damit sich das langbeinige Fohlen im Galopp nicht selbst mit den Hinterbeinen in die Vorderbeine springt.

Gehen wir der Einfachheit halber in der weiteren Ausführung vom nach rechts schiefen (oder hohlen) Pferd aus, so ist hier die rechte Muskelseite kürzer als die linke und gibt dem rechten Hinterbein sozusagen den Weg frei, am

Das schiefe Pferd: Die Hinterhand ist von Natur aus breiter als die Vorhand.

Ein Ziel der Ausbildung ist es daher, das Pferd so geradezurichten, dass Vor- und Hinterhand hufschlagdeckend fußen.

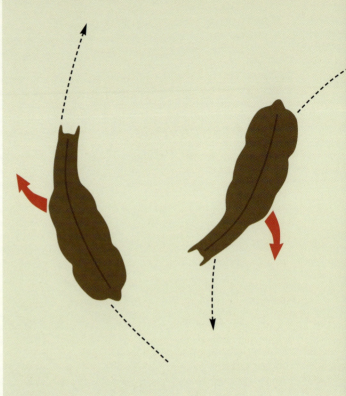

Auswirkungen der natürlichen Schiefe: Das rechts hohe Pferd schiebt von hinten rechts nach vorn links und belastet dabei vermehrt die linke Seite.

Es neigt dazu, Rechtswendungen über die linke Schulter zu vergrößern, während es in Linkswendungen auf die linke Schulter fällt und die Wendung verkürzt.

Schwerpunkt vorbeizulaufen und sich der Beugung zu entziehen: Es tritt seitlich rechts neben die Spur des rechten Vorderbeins. In dieser Haltung wird das rechte Hinterbein mehr Schubkraft entwickeln, wohingegen das linke weniger Bewegungsspielraum hat und sich stärker beugen muss. Hinzu kommt, dass das linke Vorderbein das vermehrte Schieben auffangen muss und das Pferd die linke Schulter insgesamt stärker belastet.

Für den Reiter des nach rechts schiefen Pferdes ergibt sich daraus folgendes Gefühl:
- Er wird vermehrt nach rechts gesetzt.
- Das Pferd tritt scheinbar besser an den linken Zügel heran.
- Die linke Schulter lässt sich schwieriger bewegen, da hier eine Überlastung herrscht.
- Auf der rechten Hand drängt das rechte Hinterbein ins Bahninnere.
- Das Pferd lässt sich auf der rechten Hand schwerer von der Bande abwenden, auf dem zweiten Hufschlag geritten, drängt es zurück zur Bande.
- Auf der linken Hand drängt das Pferd ins Bahninnere, das rechte Hinterbein klebt förmlich an der Bande.
- Bei zu starker oder nicht abgestimmter Hilfengebung, speziell bei zu starker Zügeleinwirkung, entzieht sich das Pferd häufig in Anlehnungsfehler wie Verwerfen, Aufrollen, Verbiegen oder Ähnliches.

Würde der Reiter das Pferd in diesem Stadium weiter ausbilden, ohne es geradezurichten, wäre dies vergleichbar mit dem Training eines Gewichthebers, der regelmäßig rechts 30 Kilogramm und links 50 Kilogramm stemmt. Das Ergebnis liegt auf der Hand: Ungleichmäßige Belastung beziehungsweise Abnutzung führt zu unnötigem, vorzeitigem Verschleiß. Mögliche Taktstörungen oder gar Zügellahmheiten können die offensichtlichsten Folgen sein. In der Natur würde dem Pferd die Schiefe nichts ausmachen. Mit dem Reiter hat es jedoch plötzlich ein Gewicht auf dem Rücken, für welches es als Lauf- und Fluchttier weder vom Körper noch vom Kopf her geschaffen ist.

Der systematisch denkende Ausbilder steht deshalb vor den Aufgaben,

Ein wichtiges Ausbildungsziel: Pferd und Reiter haben nicht nur Freude, sie sind auch im geistigen und körperlichen Gleichgewicht.

- das Pferd mit dem fremden Gewicht auf dem Rücken wieder ins geistige und körperliche Gleichgewicht zu bringen,
- die ausgeglichene Arbeit beider Muskelseiten herzustellen,
- das rechte Hinterbein einzufangen und es dazu zu bringen, aus der Freiheit ins Folgen und Beugen zu kommen,
- die linke Schulter zu bewachen, bis hin zum Entlasten,
- das linke Hinterbein an der Arbeit des Vorwärtsschubes zu beteiligen.

Diese Arbeit an der Geraderichtung – die sich wie ein roter Faden durch die gesamte Ausbildung zieht – muss unter steter Beachtung von Kondition, Alter, Konzentrationsfähigkeit des Pferdes geschehen sowie der Erhaltung des Vorwärts höchste Priorität einräumen; denn jedes Bewegen des Kopf-Hals-Bereichs, sogar allein jedes Stellen oder Biegen im weiteren Verlauf der Ausbildung unterbricht zunächst das Vorwärts.

Daher habe ich immer gern ein Zitat von Richard Hinrichs im Hinterkopf:

> Nur wer Fahrt hat, kann auch steuern.
>
> *Richard Hinrichs*

Vor dem Hintergrund der beginnenden Geraderichtung arbeite ich zunächst mithilfe der Ausnutzung des natürlichen Gleichgewichts des Pferdes. Das bedeutet, ich werde auf der rechten Hand meinem jungen Pferd die Möglichkeit geben, in Linksstellung und -biegung durch die Wendungen zu gehen. Damit biete ich ihm eine Position an, die es auch beim Freilaufen-Lassen wählen würde, um sich auszubalancieren.

An der Longe balanciert sich das junge Pferd zunächst nach außen aus.

So kann ich mit sehr wenig Hilfengebung bereits eine Entlastung der linken Schulter erreichen, gleichzeitig aber auch das linke Hinterbein zum Tragen und das rechte zum energischen Abfußen anregen. Ist das Pferd ausbalancierter, werde ich nach mehr und mehr Innenstellung und -biegung fragen.

Auf der linken Hand besteht die Aufgabe darin, dem Hereindrängen der inneren Schulter entgegenzuwirken. Eine wirksame Übung, die ich gern verwende: Ich reite wie oben beschrieben in Linksstellung und -biegung auf der rechten Hand und wechsele dann auf die linke Hand, ohne die Biegung zu verändern. Hier habe ich jetzt für kurze Zeit weniger Schulterlastigkeit innen. Ich versuche nun, diese auf einer großen gebogenen Linie zu erhalten. Hilfreich kann dabei auch ein Umsitzen im Leichttraben sein, da ich so vermehrt das innere Hinterbein anrege, sich anzuheben und in die Biegung hinein energisch abzufußen. Daraus lassen sich später fast problemlos verschiedene Wendungen bis hin zur ersten Idee von Schultervor reiten.

Ich mache mir bei diesem Übungsablauf Folgendes zunutze: Das Pferd sieht nach dem Handwechsel, wohin es geht, und „genießt" die Entlastung sowie das einfache Geradeaus. Ergebnis: Je besser ich die Beweglichkeit des Pferdes allein durch Veränderung der Wege beeinflussen kann, desto eher kann ich auch anfangen, die Vorhand durch die Zügelhände und die Hinterhand durch die Schenkel (unterstützt vom Gewicht) zu bewegen. Somit ist die Grundlage für ein systematisches Ausbilden im Sinne der Ausbildungsskala gelegt.

Sollten mir jedoch zusätzlich zur natürlichen Schiefe Exterieurschwierigkeiten entgegentreten, muss ich eventuell noch ein wenig mehr vom direkten Weg abweichen (Plan B), um ihn später umso präziser erneut zu beschreiben.

Begegnet mir beispielsweise ein Pferd mit einer zu geraden, wenig gewinkelten Hinterhand, wird mein Schwerpunkt sicherlich vorwiegend beim Beweglich-Machen der Hinterhand liegen: Arbeit an der Hand auf großen gebogenen Linien, Longieren am Kappzaum für die Gesamtbeweglichkeit mit Augenmerk auf vermehrtes Biegen und Kreuzen der Hinterbeine oder auch Longieren über Cavaletti, um ein stärkeres Beugen zu erreichen.

Verfeinert man dies in der weiterführenden Arbeit an der Geraderichtung in Hinblick auf Versammlung, sei es in vermehrter Abstellung

und Biegung oder durch die Verlagerung der Anforderungen auf andere Linien oder durch die Einbeziehung von Schultervor und Schulterherein, haben wir so die besten Übungen „für und gegen alles" in der Reiterei.

Nutze ich alle Seitengänge, ist mir in vielerlei Hinsicht ein Schatz an die Hand gegeben worden, der es mir ermöglicht, sowohl die Vorhand als auch die Hinterhand beweglich zu machen. Dieses beugt einem frühen Verschleiß vor und führt letztendlich zur gleichmäßigen Kräftigung der Muskulatur, verbessertem Gleichgewicht, abgesicherter Geraderichtung, verfeinerter Reaktion auf die Hilfen und erhöhter Durchlässigkeit.

Bei Pferden mit Exterieurschwierigkeiten – hier eine wenig gewinkelte Hinterhand – braucht man sicherlich „Plan B" oder „Plan C", um Reiter und Pferd zu helfen.

Ein Ergebnis systematischer Gymnastizierung: gute Dehnungshaltung mit aktiverem Hinterbein.

Gute Dehnungshaltung: Die Halswirbelsäule ist zwischen den Schultern angehoben.

Über die Anatomie

Von Natur aus ist das Pferd nicht zum Tragen geeignet. Somit müssen Ausbildungswege genutzt werden, die aus dem Lauf- ein Reittier machen. Gerade hier sind die Seitengänge geeignet, um die für das Pferd so notwendige Muskulatur zu stärken.

Ziel der Ausbildung muss es sein, die natürliche Schiefe und die Mehrbelastung der Vorhand zu überwinden und das Pferd in ein Gleichgewicht zu bringen, in dem es sich und das Reitergewicht trägt – manchmal sogar über Hindernisse.

Um meinen Reitschülern den Weg dorthin klarer und verständlicher aufzuzeigen, vermittele ich immer das Bild eines Pferdes, welches sich über einen Zaun dehnt, um an das (natürlich) bessere Gras auf der anderen Seite zu gelangen, ohne jedoch den Zaun zu berühren. In dieser Haltung ist gewährleistet, dass das für die Gesamtausbildung außerordentlich wichtige Nacken-Rücken-Band gespannt ist und so die Rückenmuskulatur beweglich wird.

„Dreh- und Angelpunkt" ist der Trapezmuskel kurz vor dem Widerrist. Hier treffen sich Nacken- und Rückenband. Aber auch Hals- und Rückenmuskeln laufen hier zusammen. Bei der Vorwärts-Abwärts-Dehnung hebt sich einerseits die Halswirbelsäule zwischen den Schultern an und streckt sich nach vorn, andererseits zieht das Nackenband die Dornfortsätze des Widerrists nach vorn, sodass sie senkrecht stehen und das Rückenband spannen. Der besagte Rückenmuskel kann jetzt frei tätig sein und unter anderem in Richtung Rippen- und Hinterhandmuskulatur ausstrahlen, für Längsbiegung, aber auch für das Schieben und Beugen der Hinterhand sorgen.

Definition Längsbiegung

Über den Begriff Längsbiegung wird unter Ausbildern viel diskutiert. Die Längsbiegung an sich gibt es. Eine gleichmäßige Längsbiegung kann aus anatomischen Gründen aber nicht zustande kommen, da nur die Hals- und Lendenwirbelsäule beweglich sind. Brust- und Kreuzwirbel sind nur bedingt beziehungsweise gar nicht beweglich.

Wenn also von Gleichmäßigkeit gesprochen wird, ist es vielmehr die Muskeltätigkeit, das Reitergefühl oder schlechthin einfach nur Unkenntnis der Anatomie, die diesen Gedanken aufkommen lassen.

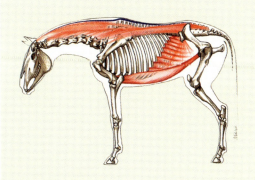

Hier wird anschaulich und nachvollziehbar zum Ausdruck gebracht, wie die Muskulatur zusammenwirkt. (Zeichnung: Mähler)

„Frisst" das Pferd jedoch nur vor seinen Füßen (also hinter der Senkrechten oder gar aufgerollt), so wird hauptsächlich die Halsmuskulatur angesprochen. Die Gefahr des Absackens der Halswirbelsäule und des vorhandlastigen Gehens ist groß.

Machen Sie selbst einmal den Versuch und nehmen Sie beim entspannten Stehen das Kinn auf die Brust. Jetzt wachsen Sie nach oben, werden groß – und nun wiederholen Sie mit langem Genick diesen Versuch. Sie werden erstaunt sein, wie weit das Absenken des Kopfes in den Rücken ausstrahlt! Nichts anderes wollen wir beim Pferd.

Gedanken zur Ausbildungsskala

Anstelle der allseits bekannten Erläuterung der Ausbildungsskala möchte ich mich hier nur auf Grundlegendes beschränken.

Ihren Anfang nimmt sie bereits in der Heeresdienstvorschrift aus dem Jahr 1912 in Form

Die „echte" Längsbiegung: Hier zeigt sich, dass aus anatomischen Gründen das Pferd den Hals immer stärker biegt als den Rücken, der selbst in den Seitengängen fast gerade bleibt. (Zeichnung: Karl)

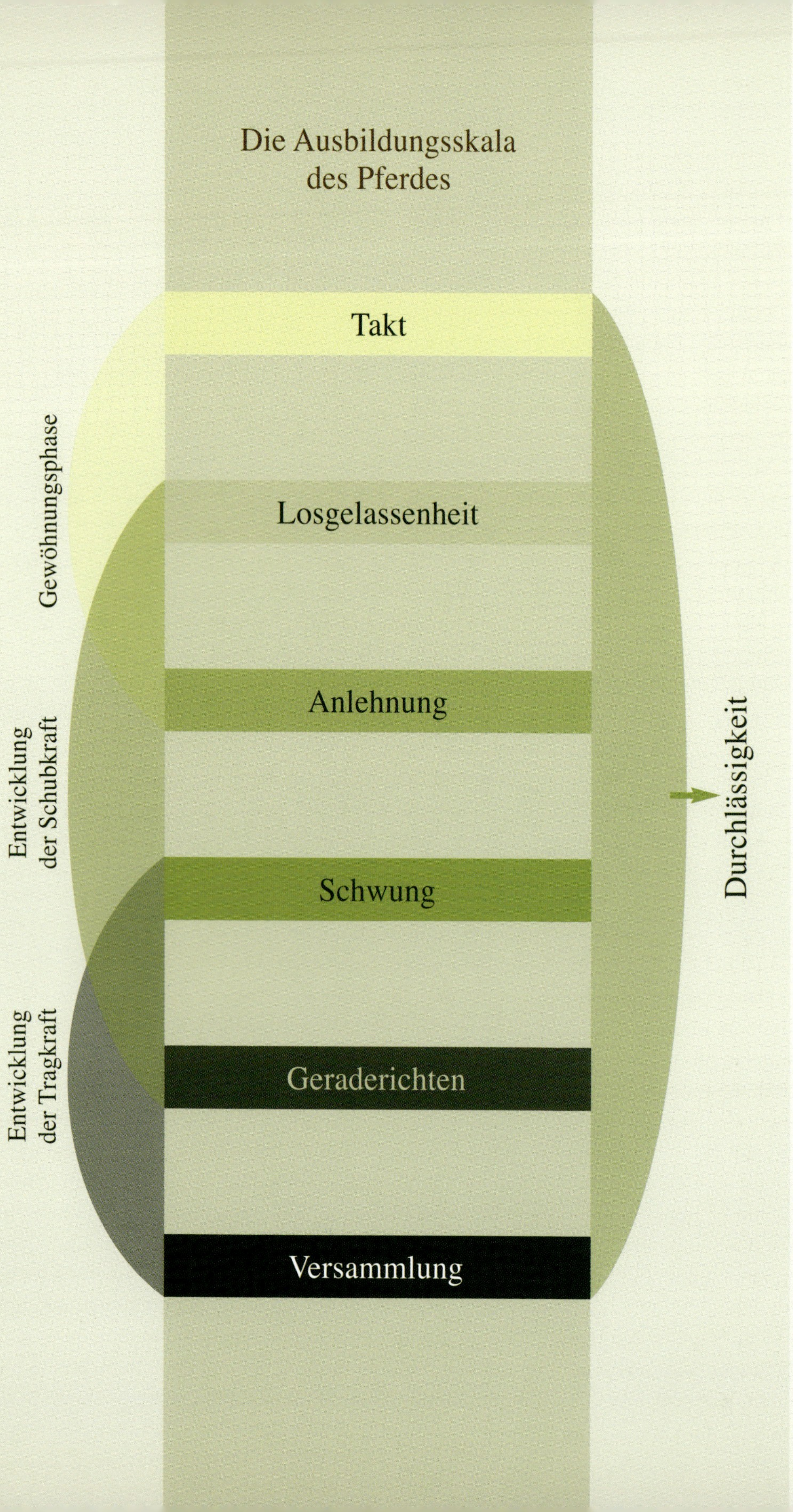

Die Ausbildungsskala des Pferdes

Takt

Losgelassenheit

Anlehnung

Schwung

Geraderichten

Versammlung

Gewöhnungsphase

Entwicklung der Schubkraft

Entwicklung der Tragkraft

→ Durchlässigkeit

von Hinweisen zur Ausbildung des jungen Pferdes. In den RL Band I von 1954 wird bereits von drei Phasen gesprochen. 1974 findet man im Text folgende Begriffe in entsprechender Reihenfolge: Losgelassenheit, Kräftigung der Muskulatur, Regelmäßigkeit der Gangarten, Anlehnung, freies Vorwärtsgehen, Schubkraft und Arbeit an der Hinterhand, Geraderichten, beginnende Versammlung und Versammlung. 1979 erscheint die Skala erstmals in der Form, in der wir sie heute kennen – mit dem kleinen Unterschied, dass damals Takt und Losgelassenheit zur Gewöhnungsphase zählten. Erst 1994 wurde dies geändert.

Obwohl die Reihenfolge der Skala ja immer wieder infrage gestellt wird, vermittele ich sie weiterhin so, wie sie in den Richtlinien aufgeführt ist. Würde ich das nicht gleich von Anfang an klar herausstellen, gäbe ich, übertrieben gesagt, die Skala zum „Abschuss" frei. Jeder würde so reiten und unterrichten, wie es gerade passt.

Vielmehr muss die „offizielle" Reihenfolge dem Reiter in Fleisch und Blut übergehen. So hat er beim Alleinereiten etwas an der Hand, woran er sich orientieren kann. Denn: Klare Strukturen geben Sicherheit.

Daher nehme ich auch im Unterricht den Reiter gewissermaßen an die Hand, weise einen Weg, bis ich merke, dass er in der Lage ist, auch schon einige Schritte allein zu gehen. Sobald ein Überblick und genügend Hintergrundwissen vorhanden sind, verändert sich meine Hilfestellung in ein Unterstützen. Ich werde dem Schüler dann das Für und Wider der Abfolge beschreiben.

Vergleichbar wäre diese Vorgehensweise mit der Hilfe, die ich einem Kind gebe, das noch nicht allein über die Straße gehen kann. Später jedoch muss man das Kind auch seinen eigenen Weg finden lassen.

> „Die Skala der Ausbildung hat sich also entwickelt und wird es möglicherweise auch noch weiter tun."
>
> *Thies Kaspareit,*
> *Akademie des Pferdes, 2008*

Zum Abschluss dieses Kapitels noch einige Gedanken zu Abfolge und Inhalt der Ausbildungsskala selbst: In der Gewöhnungsphase geht es, wie der Name schon sagt, darum, das Pferd an die kommende Situation zu gewöhnen, heranzuführen – nicht nur an Sattel, Trense, Umgebung und so weiter, sondern auch bereits an das Gleichmaß der Bewegung (Takt), die innere und äußere Bereitschaft zur Mitarbeit bei zwanglosem An- und Abspannen der Muskulatur (Losgelassenheit) und die stete Verbindung zur Reiterhand (Anlehnung).

Jedoch muss man sich auch vor Augen halten und immer wieder bewusst machen, was die beiden letztgenannten Begriffe für das Pferd bedeuten: Es soll sich (trotz des ungewohnten Reitergewichts) körperlich und seelisch loslassen. Dabei ist zu bedenken, dass nur jemand, der Vertrauen und eine klare Gleichmäßigkeit, einen klaren Kontakt erfährt, sich dies auch traut.

Dieser Kontakt, die Anlehnung, hat etwas mit Anlehnen zu tun. Das Pferd soll sich herandehnen, der Hand folgen. Dies kann es nur, wenn es Vertrauen hat und sich führen lässt. Denken Sie an ein Tanzpaar, bei dem sich die Frau vertrauensvoll von ihrem Tanzpartner übers Parkett führen lässt, in der Gewissheit, dass er den Überblick hat und mit dem richtigen Maß an Kontakt führt. Ein anderes Bild: ein verliebtes Paar, das sich die Hände reicht, um über ein paar Steine hinweg einen Bach zu

Das Ziel dressurmäßiger Ausbildung lässt sich in eine zentrale Frage bringen: Könnte ich jederzeit draußen im Gelände galoppieren oder muss ich Angst haben, schon beim Ritt aus der Halle mangels Gleichgewicht auf die Nase zu fallen?

überqueren. Welche Eigenschaften muss jemand haben, der Ihnen die Hand reicht?

In der zweiten Phase, bei der Entwicklung der Schubkraft, wird jetzt die Kraft der Hinterhand gezielt in die richtigen Bahnen geleitet. Aufbauend auf Losgelassenheit und Anlehnung wird der unter anderem durch Übergänge und Tempounterschiede erarbeitete energische Impuls aus der Hinterhand ins Vorwärts herausgelassen. So bringt man das Pferd in einen sicheren Rahmen, in dem man es in jede Richtung bewegen kann mit dem Ziel, das Geraderichten zu verbessern.

Bei der Entwicklung der Tragkraft soll das nun angesammelte Vorwärts unter anderem in vermehrte Lastaufnahme und Beweglichkeit, aber auch in verbesserte Aufrichtung und in ein jederzeit sicheres Gleichgewicht umgewandelt werden. Das ist es, was wir als Versammlung bezeichnen. Für mich hängen damit Begriffe zusammen wie aufrichten, wachsen, bewusst bis selbstbewusst auftreten, einen anderen Blickwinkel bekommen, den Überblick haben, Entlastung der Vorhand und Belastung der Hinterhand, gesammelt sein.

Diese Begriffe beinhalten sowohl die Ziele als auch die Problematik der gesamten Ausbildung: Wann und vor allen Dingen wie lange ist das Pferd in der Lage, etwas zu ent- oder belasten geschweige denn zu tragen?

Häufig wird gerade in den ersten beiden Phasen der Hinterhandaktivität viel zu viel Bedeutung beigemessen. So viel, dass das Pferd letztendlich hinten aktiver ist, als es vorn sein Gleichgewicht halten kann. Ergebnis: Daueranspannung bei beiden und Reiter, die ihre Pferde förmlich durch die Bahn tragen in der Erwartung, durch Übergänge oder Ähnliches zur Aufrichtung und Leichtigkeit zu kommen. Häufig wird jedoch übersehen: Ist das Pferd erst einmal in einer falschen Haltung, festige ich diese durch die beschriebenen Abläufe, anstatt sie zu verbessern. Ganz zu schweigen von der Kraftanstrengung auf beiden Seiten. Wer da nicht gut durchtrainiert ist, hat schlechte Karten. Treffend formuliert es der ehemalige Erste Oberbereiter der Spanischen Reitschule Wien:

> Wenn Reiten so anstrengend wäre, wie viele Reiter meinen, dann kann es nie zur Kunst werden.
>
> *Arthur Kottas-Heldenberg*

Dabei kann es so einfach sein. Wenn ich – um nur ein Beispiel zu nennen – jederzeit in der Lage bin, die Dehnung abzufragen, und danach dort weitermachen kann, wo ich zuvor aufgehört habe, bin ich auf dem richtigen Weg.

Gedanken zu den Hilfen

Jeder Ausbilder hat nicht nur eine andere Vorgehensweise, setzt andere Schwerpunkte in der Ausbildung von Pferd und Reiter, sondern benutzt auch andere, ich nenne sie „benutzerdefinierte", Vokabeln.

Damit Sie meine Gedanken in diesem Buch besser nachvollziehen können, folgt hier eine kleine Auflistung der von mir gern verwendeten Begriffe mit ihren Definitionen. Gelegentlich wähle ich auch scheinbar „reitentfernte" Begriffe, sodass es ohne entsprechendes Hintergrundwissen zu Verwirrungen kommen könnte.

- Gleichgewicht
Für mich eine der Hauptsäulen der Ausbildung. Damit meine ich nicht nur das körperliche, sondern vor allem auch das seelische Ausgeglichen-Sein. Nur wer innerlich im Gleichgewicht ist, wird es zwangsläufig auch körperlich werden. Zugleich gilt auch: Je besser man im körperlichen Gleichgewicht ist, desto größer ist die Chance, auch innerlich zur Ruhe zu kommen.

- Einsatz der Hilfen
Die uns zur Verfügung stehenden Hilfen sind die einzige Kommunikationsmöglichkeit, um dem Pferd verständlich zu machen, was wir möchten. Daher ist ihrem Einsatz große Bedeutung beizumessen.

Die *Schenkelhilfen* werden häufig zu undifferenziert eingesetzt. So liegt zum Beispiel der Schenkel für mehrere Übungen immer gleich weit hinten: zum Halten und Anreiten, für das Rückwärtsrichten, Schenkelweichen, für die Seitengänge, für das Reiten von gebogenen Linien und für das Angaloppieren. Wie soll das Pferd genau wissen, worum es geht – wenngleich auch der Einsatz der anderen Hilfen natürlich eine Rolle spielt?

Bei den *Zügelhilfen* verhält es sich ähnlich. Es liegt in der Natur des Menschen, einen Großteil seiner Tätigkeit mit den Händen zu erledigen. Hinzu kommt der Kopf, der Dinge manchmal nur schwer aus der Hand gibt beziehungsweise sich nicht traut, einfach mal loszulassen. Treten dann auch noch Schwierigkeiten auf, bei denen der Reiter gegenhält oder gar zieht, geht die Druckwirkung des Gebisses voll auf die stark durchblutete, empfindliche Zunge.

Wenn es um die Diskussion zur Position der Zügelhände geht, denke ich immer gern

Wenn es notwendig ist: Warum nicht die Position der Hände verändern?

an einen Geländereiter, der „klassisch" im leichten Sitz mit den Händen am Mähnenkamm ein Hindernis anreitet, bei Schwierigkeiten aber jederzeit bereit ist, die Position der Hände zu verändern, um die Situation zu korrigieren. Also: lieber effektiv einwirken, als mit „internationaler" Zügelführung gegen den Baum reiten.

Zu den *Gewichtshilfen* ist nicht viel zu sagen – sie sollen unterstützen. Daraus und aus der Überlegung, wohin die Reise gehen soll, ergibt sich für mich die Belastung automatisch.

Gern ziehe ich in meinem Unterricht bei der Beschreibung der Hilfengebung auch Vergleiche zum Westernreiten. Dort soll das Pferd so geschult sein, dass tatsächlich nur Impulse notwendig sind, um etwas zu fordern. Auch mit dem Erlernen einer Fremdsprache lässt sich meines Erachtens der Einsatz der Hilfen gut vergleichen. In der Anfangsphase beherrscht man nur ein paar Vokabeln, die meist holperig herausgebracht werden. Man braucht eventuell noch einen Dolmetscher. Je mehr Vokabeln man jedoch kennt, desto sicherer und ausdrucksvoller kann man sie differenzieren und mit mehr Betonung und Gefühl einsetzen.

Passend dazu ein Zitat von Egon von Neindorff aus einem Gespräch mit mir zu den Themen Gefühl und Wahrnehmung:

Ich kann wohl als Ausbilder den Reitern alles beibringen. Das Gefühl, das Einfühlungsvermögen, muss er selber entwickeln. Dabei ist er, genau wie das Pferd, Empfänger und Sender zugleich. Somit geben mir die Regungen des Pferdes die Hilfen vor. Wer sich dabei nicht an der Natur orientiert, macht einen Fehler.

Egon von Neindorff

- Halbe Parade
  Im Englischen heißt sie „half-halt", halbes Halten. In älteren Ausgaben der Richtlinien ging die Definition in dieselbe Richtung: Einrahmen des Pferdes, als wollte man halten, reitet aber weiter. Diese Formulierung ist in meinen Augen weitaus hilfreicher für den Schüler als die häufig zu hörende mit „Kreuz anspannen und treiben".

- Anfallen lassen (der Schenkel)
  Beim Treiben nicht gleich mit Stärke 5 beginnen, wenn man nur zehn Stärken zur Verfügung. Zart, eher fragend beginnen. Pinter von der Aue spricht im 17. Jahrhundert vom „haarfühlenden, mitatmenden Schenkel". Für mich ist dies eine schöne Beschreibung, da sie gut zum Ausdruck bringt, wie der Schenkel im Kontakt mit dem Pferd stehen soll: weder angepresst noch weggestreckt.

- Herauslassen
  Um einem Übereifer von Pferd und Reiter zum Beispiel beim Zulegen vorzubeugen, einfach nur die vorangegangene Übung beenden, „die Hilfen auslassen" und die Übung sich entwickeln lassen.

- Vorschicken, wegschicken
  Ist für mich die Steigerung zum Herauslassen. Jetzt kommen die Schenkel vermehrt zum Einsatz, anfallend (siehe oben) oder gar treibend eingesetzt.

- Anfragen, nachfragen
  Goethe schreibt: „Vom Himmel fordert er die schönsten Sterne und von der Erde jede höchste Lust." So sollte es bei der Ausführung neuer Abläufe natürlich nicht sein. Für mich geht es eher um einen zurückhaltenden Einsatz der Hilfen, der es auch zulässt, dass das Pferd nicht sofort antwortet, und somit ein Überdenken des Ablaufs fordert.

- Anbieten, anprobieren
  Nach dem Absichern einer Übung abwägen, ob nicht eine Steigerung der Anforderung in Betracht gezogen werden kann.

- Dehnen
  Verwende ich lieber als das bekannte Wort „strecken". „Dääähnen", wie ich es immer gern ausspreche, sagt schon etwas über das Zeitmaß des In-die-Tiefe-Dehnens aus.

- Freie Linien
  So nannte mein Vater Linien, die unabhängig vom ersten Hufschlag, auch einmal in der Bahn, geritten werden. Sie dienen dazu, die Einrahmung zwischen den Hilfen zu überprüfen, das Geraderichten zu verbessern, aber auch Aufschluss über die Tagesform des Paares zu bekommen.

- Freundliche Seitengänge
  Die Idee eines Seitengangs haben, in der Durchführung jedoch dem Vorwärts mehr Bedeutung als dem Seitwärts schenken.

- Wiedererkennungswert
  Abläufe so klar und sinnvoll wählen, dass ich beim Erlernen neuer Übungen oder bei Schwierigkeiten jederzeit auf eine bekannte Übung zurückgreifen kann.

- Idee geben, Gedanken vermitteln
  Tatsächlich nur die Idee einer neuen Übung mitnehmen. Ein klares Bild von der Übung haben, wie Richard Hinrichs immer so schön betont. Oft reicht das schon aus. Gegebenenfalls kann dieses Vermitteln des Gedankens noch durch leichte Hilfe unterstützt werden.

Vorbereitende Übungen: den Seitengängen auf der Spur

Da das „Gesamtpaket Seitengänge" sehr umfangreich und auch leicht verwirrend sein kann, werden wir uns nachfolgend mit sinnvollen Abläufen hin zu den Seitengängen beschäftigen, uns gewissermaßen auf die Spur begeben.

Vorübungen vom Boden

Vorübungen an der Longe

Das Longieren ist eine gute Möglichkeit, das Pferd ohne die Belastung durch das Reitergewicht zu schulen. Beim Longieren habe ich außerdem den Vorteil, meine Longierzirkel in verschiedenen Größen anlegen zu können. In Kombination mit vermehrter Biegung und dem Zulegen geradeaus können so effektive Wechsel von Schub- und Tragkraft trainiert werden.

Jedoch ist hier zu bedenken, dass aufgrund der Kreislinie, der Geschwindigkeit und der natürlichen Schiefe das zum Beispiel nach rechts schiefe Pferd sich auf der rechten Hand nach außen sowie auf der linken Hand nach innen ausbalancieren wird.

Die Aufgabe des Longierenden besteht darin, dieser ungünstigen Belastung entgegenzuwirken, genauer gesagt, die Schulterlastigkeit links und das eventuelle Absacken der Halswirbelsäule zu bearbeiten. Auf diese Weise können Biegung, Dehnung, Aktivierung der Hinterhand und letztlich verbessertes Gleichgewicht erreicht werden.

Typische Ausgangssituation: Die Halswirbelsäule ist zwischen den Schultern abgesackt.

So sieht die Longen- und Peitschenhaltung für das Longieren auf der linken Hand aus.

Widmen wir uns gleich dem eigentlichen Ablauf. Das entsprechende Aufwärmen setzen wir voraus. Auf der linken Hand wird die ganze Longe in der rechten Hand aufgenommen. Durch meine linke Hand läuft sie jetzt zum Kappzaum. Die Peitsche ist ebenfalls in der rechten Hand und wird in einem Dreieck Hinterhand – Longierender – Kappzaum gehalten.

Damit sich das Pferd frei bewegen und ausbalancieren kann, verzichte ich auf Ausbinder und longiere nur am Kappzaum. So findet das Pferd besser sein Gleichgewicht und mir bietet sich ein reelleres Bild meiner Arbeit.

Als Ausrüstung habe ich weiterhin eine glatte Longe, eine Peitsche, die das Pferd auch erreicht, festes Schuhzeug und Handschuhe. Auch Leckerli dürfen nicht fehlen – wobei die Einsatzmöglichkeiten zu vielfältig sind, um sie zu beschreiben. Nur so viel: sinnvoll „benutzerdefiniert".

Auf der linken Hand sieht der Ablauf jetzt folgendermaßen aus: zum Anlernen erst einmal Schritt. Dann wird durch weiches Annehmen der Longe nach einer Biegung in Richtung Kreismitte gefragt. Gleichzeitig weist die Peitsche in Richtung Schulter und regt gegebenenfalls durch Anticken mit dem Peitschenschlag das innere Vorderbein zum Anheben an. Schon nach kurzer Zeit wird das Pferd beginnen, die innere Schulter zu entlasten und die äußere zu belasten. Die innere Schulter wird beweglicher, der Kreis größer, die Biegung öfter abrufbar sein. Im weiteren Verlauf wird auch ein Schultervor erreichbar sein.

> Drum prüfe, wer das Pferd ausbindet,
> ob sich nicht was Besseres findet.
>
> *(sehr frei nach Schiller)*

Biegen am Kappzaum: Das Pferd wird auf diese Weise beweglich gemacht.

Ist das Pferd ausbalancierter, wird auch ein erstes Dehnen abrufbar sein.

Durch gezielte Longenarbeit kann die Beweglichkeit der Schulter deutlich verbessert werden.

Erfolgt auch nur eine kleine Reaktion, gebe ich wieder nach und schicke das Pferd auf der ganzen Bahn vorwärts. Sollte das Pferd erneut auf die innere Schulter fallen, beziehe ich sofort wieder eine gebogene Linie ein.

Ziel ist, dass das Pferd sich, wie bereits im Kapitel „Über die Anatomie" beschrieben, zwischen den Schultern heraus in der Halswirbelsäule anhebt und sich dehnt. Auf der ganzen Bahn soll es sich in diese Haltung hinein vorschicken und mit beginnender Aufrichtung auch wieder einfangen lassen.

Begegnet mir die natürliche Schiefe sehr extrem, gehe ich wie folgt vor: Bei einem nach rechts schiefen Pferd auf der rechten Hand liegt mein Augenmerk auf dem nach innen drängenden Hinterbein. Bei der Arbeit denke ich leicht an Kruppeheraus.

Auf der linken Hand konzentriere ich mich auf die innere Schulter und setze meine Körpersprache sehr bewusst ein.

Im Galopp gilt derselbe Ablauf. Hier ist jedoch zu bedenken, dass es durch höheres Tempo mehr Zug nach außen gibt. Bei zu hoher Anforderung besteht die Gefahr, dass das Pferd sein Gleichgewicht verliert, sich festmacht oder ausfällt. In diesem Fall fordere ich weniger, lasse das Pferd zwischendurch viel geradeaus galoppieren und arbeite mit nur kurzen Reprisen.

Alle Arbeitsweisen, die das Pferd dem Menschen näherbringen, sind auf alle Fälle zu unterstützen. Nur – es darf nicht so weit gehen, dass das Reiten vergessen wird!

Helmut Beck-Broichsitter

Zum Ende der Übung lasse ich das Pferd sich auf der ganzen Bahn dehnen. Dabei den Schritt aus der Schulter heraus bewachen. Das heißt, bei einem Absacken des Halses oder beim Eiligwerden des Pferdes sichere ich sofort erneut die Biegung ab, ohne jedoch zu überfordern.

Generell gilt: weniger verlangen, als man meint. Es ist am anderen Ende der Longe anstrengender, als man aus der Mitte heraus vermuten könnte.

Vorübungen an der Hand

Das Herdentier Pferd lebt auch als Reitpferd gedanklich in der Herde mit einer klaren Rangordnung; die Herdenmitglieder vertrauen und folgen den Leittieren.

Dieses Herdendenken in der Arbeit mit dem Pferd zu nutzen ist die ideale Grundlage für eine systematische Ausbildung. Bei ihr soll das Pferd den Menschen nicht als Unterdrücker, der ihm die Freiheit nimmt, oder später gar als

Die Arbeit an der Hand bietet die hervorragende Möglichkeit, das Pferd ohne Belastung des Reitergewichts gezielt zu gymnastizieren.

bedrohliches Raubtier auf seinem Rücken erleben. Es soll im Verlauf seiner Ausbildung vielmehr befähigt werden, den Menschen körperlich und seelisch zu tragen.

Es gibt unterschiedliche Methoden der Ausbildung, um diesen Zustand zu erreichen oder wenigstens in diese Richtung zu leiten. Eine außerordentlich hilfreiche Methode ist die Arbeit an der Hand, eine Möglichkeit, das Pferd gänzlich ohne Reitergewicht zu gymnastizieren.

Die Vorzüge der Arbeit an der Hand sind:
- Das Pferd kann ohne störendes Reitergewicht geschmeidig gemacht werden.
- Die Rangordnung zwischen Mensch und Pferd wird geklärt.
- Die Körpersprache wird gezielter und bewusster eingesetzt.
- Durch den Wegfall der einrahmenden Schenkelhilfen und des unterstützenden Gewichts wird man sich der Zügelhilfen bewusster.
- Es wird beim Pferd mehr Kopf als Körper angesprochen.
- Der Ausbilder kann den Bewegungsablauf des Pferdes unmittelbar erleben und gegebenenfalls direkt darauf eingehen.
- Das Pferd kann besondere oder neue Übungsabläufe auf leicht verständliche Art lernen.
- Das Pferd wird auf das Reiten vorbereitet.
- Vor- und Hinterhand werden beweglich gemacht.
- Im weiteren Verlauf ist die vermehrte Arbeit an Seitengängen oder an halben Tritten (Richtung Piaffe) möglich.
- Alte oder kranke Pferde können auf diese Weise oft noch schonend gymnastiziert werden.

Um Missverständnissen vorzubeugen, ist das Wissen um das Sichtfeld des Pferdes von großer Bedeutung: Den grün gekennzeichneten Bereich sieht das Pferd mit beiden Augen und deshalb am besten. Undeutlich sieht es den weißen Bereich, während sich Dinge innerhalb des roten Bereichs im toten Winkel befinden. (Zeichnung: Mähler)

Ein wie ich finde schöner Vergleich: Arbeit an der Hand ist wie Tanzen. Nur wenn es eine klare Führung gibt, ist es effektiv und macht beiden Spaß.

Für das Fluchttier Pferd war es in freier Wildbahn lebensnotwendig, seine Umgebung wahrnehmen und bei Gefahr sofort fliehen zu können. Daher ist es nicht nur sinnvoll, sondern für die weiteren Ausbildungsschritte geradezu hilfreich, wenn es seinen „Kopf frei hat", also in der Lage ist, aus der Schulter heraus Kopf und Hals frei bewegen zu können.

In diesem Buch soll es weniger um die Ausrüstung oder um die allerersten Schritte bei der Arbeit an der Hand gehen, sondern ich möchte mich auf das Heranführen an die Seitengänge konzentrieren.

Wichtig ist die Zügelführung: Die innere Hand umfasst die Schnalle des Zügels am Gebissring, Zeige- und Mittelfinger greifen in den Trensenring. Beim Lernenden sollte aus Sicherheitsgründen nur die Schnalle in die Hand genommen werden. Der Fortgeschrittene kann mit dem Zeigefinger differenzierter einwirken, ist sich der Unfallgefahr aber bewusst, die besteht, falls das Pferd mit dem Kopf schlägt. Der Lernende hingegen, dem dieses Feingefühl noch fehlt, kann in schwierigen

Die Zügelführung für Fortgeschrittene bei der Arbeit an der Hand ermöglicht eine differenzierte Einwirkung.

So sieht die korrekte Zügelführung bei der Arbeit an der Hand auf Kandare aus.

Situationen eher den Zügel länger lassen, wird also mit Nachgeben reagieren.

Um mit dem äußeren Zügel Kontakt herzustellen, wird mit der äußeren Hand die auf dem Widerrist liegende Schnalle des Zügels angefasst und so weit nach innen-unten angenommen, bis das Maul außen zu erfühlen ist. Die äußere Hand hat nun mehrere Funktionen: Sie muss führen, die Biegung bewachen, das Grundtempo regulieren und zusätzlich bei Bedarf die Touchierpeitsche einsetzen.

Diese soll waagerecht zum Boden in etwa in Höhe der Ellenbogen des Pferdes gehalten werden, darf jedoch auf keinen Fall ständig anliegen oder einen Dauerdruck ausüben, da Druck Gegendruck erzeugt. Sie soll dem Pferd einen Rahmen geben und im weiteren Verlauf die Hinterhand zu mehr Aktivität motivieren.

Besonderes Augenmerk ist bei der Arbeit an der Hand immer wieder der eigenen Körperhaltung zu schenken. Nur wenn ich mich richtig platziere und klare Signale gebe, kann das Pferd unterscheiden und reagieren. Sind beide im weiteren Verlauf besser aufeinander eingespielt, wird ein leichtes Schulterwenden genügen und beide wissen, wo die Reise hingeht. Führen Sie sich das eingespielte Tanzpaar immer wieder vor Augen.

Sollte trotz allem der eine oder andere dabei einmal vom Weg abkommen – macht ja nichts. Es muss ja nicht gleich die Piaffe oder eine ganz lange Seite Schulterherein sein. Zwei Pferdelängen oder erst einmal nur die Idee reichen aus. Wenn dann doch einmal ein paar Tritte Piaffe angeboten werden: sich freuen, es annehmen und das Pferd groß loben.

Entwicklung der Seitengänge

- Folgen und Halten an verschiedenen Punkten der Bahn abfordern. Im weiteren Verlauf ein Stehen auf allen vier Füßen anstreben. Gegebenenfalls durch die Touchierpeitsche ein ruhendes Bein heranschließen.

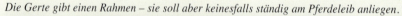

Die Gerte gibt einen Rahmen – sie soll aber keinesfalls ständig am Pferdeleib anliegen.

Durch die Biegung auf dem Zirkel lässt sich hier das Schultervor gut entwickeln. Es muss allerdings gut darauf geachtet werden, dass die Hinterhand nicht ausfällt.

- Zirkel und Volten zur vermehrten Abfrage der Biegung.
- Vermehrte Biegung bis hin zu Schultervor auf dem Zirkel. Der Zirkel bietet den Vorteil, dass Biegung und Weg bereits vorgegeben sind. Fällt das Pferd aus, werden die Anforderungen sofort reduziert. Erst einmal wieder ganze Bahn, zur Not den berühmten Schritt zurück.
- Zeigt sich das Pferd im weiteren Verlauf sicher im Hereinholen auf dem Zirkel, werde ich das bereits Erreichte einfach auf die lange Seite mitnehmen und so Schultervor oder sogar Schulterherein entwickeln können.
- Um die Aufmerksamkeit zu erhalten und das Vorwärts sicherzustellen: Volten zwischendurch einbauen.
- Übergänge Halt-Schritt auch schon im Schultervor für besseres Untersetzen des inneren Hinterbeins.

Schultervor auf der ganzen Bahn: Hier wird es fast schon etwas zu deutlich gezeigt mit viel Abstellung und zu sehr ins Bahninnere fußendem Vorderbein.

Aus dem Konterschulterherein erfolgt durch den Wechsel der Stellung und Biegung …

Auch das Travers lässt sich an der Hand entwickeln, zum Beispiel aus dem Konterschulterherein. Dadurch, dass Konterschulterherein und Travers relativ identisch sind, was Bewegungsrichtung und Setzen der Beine anbetrifft, fehlt nur noch ein Umstellen und -biegen. Also optimale Voraussetzungen, um nach Travers zu fragen. Unter Beibehaltung der Biegung wird hierfür ein Handwechsel durchgeführt, ohne dass der Führende die Seite wechselt. Ohne Veränderung der Position geht es nun im Konterschulterherein weiter. Daraus wird die Biegung in Bewegungsrichtung gefordert und das Pferd ins Travers umgestellt und -gebogen.

Ein paar Meter sind genug, bevor das Pferd das Gleichgewicht verliert und auf die neue innere Schuler fällt. Dieser Ablauf wird auf beiden Händen geübt, jeweils mit entsprechenden Pausen und Dehnung des Halses.

Dies genügt als Grundlage, um dem Pferd die Idee der Seitengänge zu vermitteln, aber auch für den das Pferd führenden Menschen, der sich somit ein Bild von Beweglichkeit und Schwierigkeiten des Pferdes aus eigener Anschauung

Manchmal – und bei entsprechender vorheriger Ausbildung entwickelt sich ganz leicht aus dem Seitwärts …

… das Travers.

machen kann. Es wird bei intensiver Arbeit nicht lange dauern, bis man daraus freundliche Traversalen oder auch Renvers gestalten kann.

Damit das Vorwärts auch hier nicht verloren geht, sollte der Trab miteinbezogen werden. Es gilt aber zu bedenken, dass ein normal im Schritt gehendes Pferd schon schneller sein kann als ein Reiter zu Fuß.

Hinzu kommt der Moment des Antrabens, den beide besonders in der Anfangsphase unterschiedlich sehen. Um Irritationen vorzubeugen, gilt es, immer wieder das Thema Körpersprache abzusichern. Das heißt: Ich trabe an, das Pferd folgt. Der Zügel ist erst einmal zweitrangig.

Zum Antraben lässt sich zum Beispiel der Vorwärtsdrang von „Kopf und Körper" aus dem Halten und Rückwärtsrichten nutzen. Ebenfalls empfehlenswerte Momente sind die Rückkehr zur Wand aus dem Schultervor sowie das Vergrößern des Zirkels. Insgesamt sollten „diplomatische" Abläufe gewählt werden, bei denen es gewissermaßen um das Prinzip geht: Ist etwas schwer, muss ich etwas anderes finden, das schwieriger ist, damit die erste

… eine erste Piaffe.

Übung freudig angenommen wird. Auch hier gilt: nur ein paar Tritte, kein Marathon.

Im weiteren Verlauf der Ausbildung, wenn der Trab sicherer ist, können die gleichen Übungen wie im Schritt abgefragt werden. Aber bei aller Freude über die Beweglichkeit beim Biegen sollten Pferd und Führender das Vorwärts sowie das Dehnen im Kopf haben.

Irgendwann wird der Zeitpunkt kommen, wo aus den Abläufen „mit Wiedererkennungswert" auch in Richtung verkürzte Tritte gearbeitet werden kann. Einfach, wie Richard Hinrichs es formuliert, ganz „leidenschaftslos" mal anfragen.

Schwierigkeiten und Lösungen

Auch bei der Arbeit an der Hand begegnet uns die natürliche Schiefe, die sich beispielsweise darin zeigt, dass das Pferd entweder an der Wand klebt oder hereindrängt.

Wie schafft man Abhilfe? Mit dem nach rechts schiefen Pferd gehe ich zunächst auf die rechte Hand. Hier mache ich mir die Biegefreudigkeit zunutze, indem ich erneut auf dem Zirkel Biegung bis hin zum Schultervor abfrage. Natürlich wird das Pferd dem auf dieser Hand leichter nachkommen als links. Damit es jedoch noch kontrollierbar bleibt, sollte es nur zum Ende der offenen Zirkelseite gefordert werden. Da dieses Pferd sich von Natur aus vermehrt an den linken Zügel herantritt, jetzt jedoch schon ein leichtes Führen daraus wird, bietet es sich förmlich an, die ganze Bahn im Schultervor zu gehen. Für einen kurzen Moment wird dies gelingen, bevor das Pferd sein Gleichgewicht wieder in der gewohnten Haltung sucht – schulterlastig links, schiebend und nicht lastaufnehmend rechts hinten. Spätestens dann wird die Übung beendet und neu erarbeitet.

Auf der linken Hand hingegen werde ich erst einmal viele Wendungen gehen und die Biegung nach links abfragen. Ich rege leicht das innere Hinterbein an, seiner vermehrten Beugebereitschaft auch auf der Zirkellinie nachzukommen. Ich sollte dabei die Idee von Schultervor haben oder als wollte ich eine Vorhandwendung mit Biegung machen lassen, gegebenenfalls mit Antouchieren. Daraus gehe ich ganze Bahn und nehme die Biegung zum Schultervor mit. Sie wird hier weniger ausgeprägt sein als auf der rechten Hand. Wieder verlange ich nur eine kurze Reprise von ein paar Metern und beende die Übung, bevor die Kraft schwindet, das Pferd wieder auf die linke Schulter fällt und schiebt. So beginnt sich die rechte Seite zu dehnen und die linke Seite biegt sich langsam, aber sicher.

Abläufe, die in kurzer Folge Schieben und Tragen abfordern, sowie Dehnen und Biegen sind im weiteren Verlauf ebenfalls machbar. Man sollte jedoch bedenken, dass diese Aufgaben für den Vierbeiner anstrengender sind, als der Zweibeiner manchmal meint. Weiterführende Übungsabläufe werden bei den einzelnen Seitengängen beschrieben.

Vorübungen unter dem Sattel

Arbeit an Stellung und Biegung

Nachdem ich bei der Arbeit an der Hand Stellung und Biegung bereits erarbeitet habe, brauche ich dies im Sattel jetzt nur aufzugreifen. Nach kurzer Zeit im Schritt kann ich sehr schön mit größeren und später auch kleineren Wendungen beginnen. Hierbei soll es um ein erstes Geschmeidig-Machen im Hinblick auf die folgenden Seitengänge gehen. Der Grundgedanke ist, das Pferd mit so langem Hals wie möglich an die kommende Arbeit heranzuführen.

Hier schon gleich mit kurzem Zügel zu beginnen, wäre nicht nur aus psychischer Sicht für das Pferd ungünstig, da es sich kaum auf den Reiter einstellen kann, sondern gleich gefordert wird. Zum anderen ist ja mein Ziel, das Pferd lang in der Oberlinie zu bekommen, zu biegen und später aufzurichten.

Ich arbeite also gemäß der Forderung: „Was lang ist, kann ich biegen. Was kurz ist, kann ich nicht biegen." Im weiteren Verlauf gilt dann auch: „Was lang ist, kann schwingen. Was kurz ist, kann nicht schwingen." Somit ist der Weg schon vorgegeben.

Um nun eine auf den gebogenen Linien erreichte Nachgiebigkeit nicht zu gefährden, integriere ich in meinen Unterricht immer noch gern eine Zwischenübung, das „Biegung mitnehmen", wie ich es nenne. Das bedeutet, aus dem Zirkel heraus den Gedanken an die Biegung zu erhalten und auf die lange Seite mitzunehmen. Der innere Schenkel und der äußere Zügel geben die Richtung nach Geradeaus vor. Das Gewicht unterstützt und vermittelt dem Reiter so schon einmal eine erste Idee vom Einsatz bei gebogen-geradeaus, was später beim Schulterherein hilfreich ist. Lässt sich das Pferd hier gut leiten, erfolgt der von meinem Vater so bezeichnete „Zügelausgleich": Der äußere Zügel bleibt in weicher Verbindung, der äußere Schenkel regt das äußere Hinterbein zum Herantreten an die Hand an. Gegebenenfalls wird innen nachgegeben, um dem Pferd die Aufgabe zu erleichtern. Danach das Vorwärts nicht vergessen.

Von der Anforderung her ist dies minimal, man könnte fast sagen, es spielt sich nur vor dem inneren Auge des Reiters ab. Jedoch kann hier schon gleich einem Ausfallen über die äußere Schulter, einem Schiefwerden oder Anlehnungsfehlern im Geradeaus effektiv vorgebeugt werden.

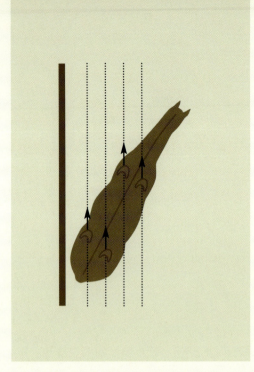 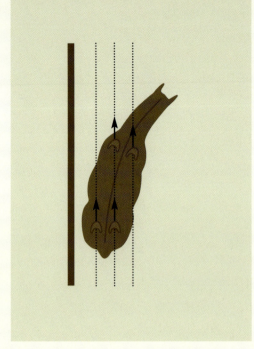

Beim Schenkelweichen (links) bleibt im Gegensatz zum Schulterherein (rechts) das Pferd ohne Biegung, außerdem ist die Abstellung größer.

Schenkelweichen

„Mein Pferd kann Seitwärtsgänge: Ränwers, Trawers und Schenkelweichen." So lautete einmal die Aussage einer Turnierreiterin mittleren Leistungsniveaus auf meine Frage, was ihr Pferd denn so kann.

Allerdings gehört das Schenkelweichen leider nicht zu den Seitengängen, da das Pferd hier zwar eine geringe Stellung in den Ganaschen, aber keine Biegung aufweist.

Es bewegt sich zwar vorwärts-seitwärts in einem Abstellungswinkel von maximal 45 Grad auf zwei Hufschlägen entlang der Bande oder auf einer freien gedachten Linie. Die inneren Beine kreuzen lediglich nur und treten, ohne sich zu beugen, am Schwerpunkt vorbei. Somit ist das Schenkelweichen in allen seinen Formen vorwiegend eine lösende Übung.

Als erste Idee zum Erlernen der Seitengänge ist es trotzdem geeignet, weil das Pferd hier ohne die schwierige Anforderung des Beugens ein Bewegungsgefühl für das Kreuzen der Beine bekommt. Zudem kann der lernende Reiter ein Gefühl für das Zusammenwirken aller Hilfen in der Vorwärts-Seitwärts-Bewegung erlangen. Ich setze das Schenkelweichen jedoch hauptsächlich bei Anfängern oder zum besseren Verständnis beim Erlernen anderer Übungen ein. Da im Schenkelweichen eine Hauptgefahr darin besteht, das Pferd im Hals zu verbiegen, müssen gerade hier alle Hilfen eher wie ein Anfragen angesehen werden. Nur dann ist es möglich, bei auftretenden Schwierigkeiten die Übung schnell abzubrechen.

Von der Hilfengebung her führen die Zügel die Vorhand in den gewünschten Abstellungswinkel, die Schenkel bewachen diesen. Somit gibt der äußere Zügel ein Geländer, um eine zu starke Abstellung und ein Ausfallen der Schulter zu verhindern, gleichzeitig ermöglicht

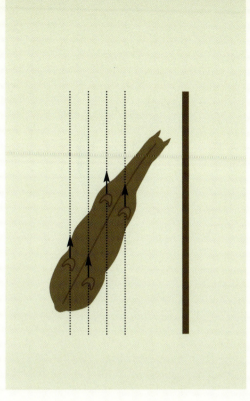
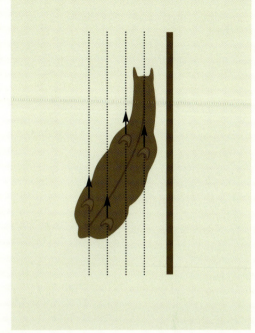

Schenkelweichen rechts im Vergleich zum Travers auf der linken Hand.

er durch Nachgeben die Stellung nach innen. Der innere Zügel greift die Stellung auf und erhält die Nachgiebigkeit. Der leicht hinter dem Gurt liegende innere Schenkel regt zur Vorwärts-Seitwärts-Bewegung an. Der äußere Schenkel hinter dem Gurt bewacht ein zu weites Herumtreten der Hinterhand und erhält gegebenenfalls die Vorwärtsbewegung.

Gemäß den Richtlinien für Reiten und Fahren soll das Gewicht nach der Seite des seitwärts treibenden Schenkels verlagert werden. Jedoch ist es meiner Meinung nach für diese Übung sinnvoller, das Pferd unter das Gewicht treten zu lassen – also Belastung außen in Bewegungsrichtung. Denken Sie doch einmal an einen Kämpfer zu Pferd, der einem Gegner ausweichen will: Er wird im wahrsten Sinne des Wortes versuchen, durch Belastung in entgegengesetzter Richtung der Gefahr aus dem Wege zu gehen. Da ist es nur hilfreich, wenn das Pferd gelernt hat, unter das Gewicht zu treten und nicht, ihm auszuweichen. Sonst: Autsch.

Für das Erlernen und die Erarbeitung von Travers als „echtem" Seitengang habe ich mit dem Einsatz von Schenkelweichen bei lernenden Paaren gute Erfahrungen gemacht. Da der Abstellungswinkel fast identisch und die Hilfengebung ähnlich ist, bietet sich hier eine gute Gelegenheit, über die Veränderung des Gleichgewichts ein Gefühl für die neue Lektion zu vermitteln. Der Reiter muss hierzu lediglich nach Stellung und Biegung in Bewegungsrichtung fragen und das Pferd durch Schenkel und Gewicht unterstützen. Es darf aber nur ein Anfragen sein, da die meisten Pferde durch das veränderte Gleichgewicht nur kurz in dieser Position bleiben können und sich gern wieder in die alte Stellung retten. Da der Grad zwischen der ausschließlichen Stellung und dem Verbiegen des Halses sehr schmal ist, ist es auch hier wichtig, eher

Schultervor

wenig zu verlangen und vor allem dem Erhalt der Vorwärtsbewegung große Bedeutung beizumessen.

Im Trab setze ich das Schenkelweichen gar nicht ein, auch nicht über kürzere Strecken. Zu groß ist für mich die Gefahr, dass das Pferd aufgrund der Seitwärtsbewegung versucht, sich Richtung Bande auszubalancieren. Häufig geschieht dies auch in Form eines Verbiegen des Halses.

Schultervor

Auf dem Weg zum Geraderichten und den Seitengängen sind Schultervor und Reiten und Stellung, auch erste und zweite Stellung genannt, zwei unumstößliche Übungen, an denen man nicht vorbeikommt, sogar nicht vorbeikommen darf. Da speziell die Sprunggelenke am Beginn der Ausbildung der Druckwirkung beim Beugen nicht gewachsen sind, wird im Schultervor erst das eine, dann das andere Hinterbein auf die vermehrte Last vorbereitet. Die beidseitige Beugung erfolgt erst in einem späteren Stadium, wenn beide Seiten gleichmäßig gekräftigt sind. Sollte man trotzdem versuchen, gleich auf beide Hinterbeine loszugehen, also sehr früh mit dem Versammeln zu beginnen, so wird dies durch die natürliche Schiefe deutlich erschwert, da das eine Hinterbein noch schiebt, das andere aber zu tragen beginnt.

Das Schultervor oder – wie es mein Vater verständlicher nannte – die „innere Schulter vor die innere Hüfte bringen" fördert durch dieses wechselseitige Arbeiten an den Hinterbeinen das „schmalere Spuren" und regt die Hinterbeine zur vermehrten Lastaufnahme an. Wir erinnern uns: Bereits Mitte des 17. Jahrhunderts sprach der Duke of Newcastle vom Schmalspurgehen.

Hier ist deutlich zu sehen, dass das rechte Hinterbein dem rechten Vorderbein folgt und das linke Hinterbein in Richtung zwischen die Vorderbeine tritt.

Darüber hinaus wird es bei der Einleitung und dem Beenden von Lektionen und Übungen genutzt und bereitet das Pferd auf den sicheren Wechsel zwischen dem ersten und dem zweiten Hufschlag vor, ohne dabei die Biegung auf Kosten von Vorwärts und Schwung einzubüßen.

Da bei systematischer Vorbereitung die Pferde sich recht bald ins Schultervor leiten lassen,

Sehr effektiv ist das Angaloppieren aus der seitlichen Biegung des Schultervor. Deutlich sichtbar ist das kraftvolle Abdrücken des äußeren Hinterbeins in den Bergaufgalopp.

ist gerade bei jüngeren Pferden immer wieder darauf zu achten, nur wenige Tritte im versammelten Tempo auf kurzen Strecken zu fordern, um so einer Überlastung vorzubeugen und keinen Widerstand hervorzurufen.

Sollten Schwierigkeiten im Verlauf der Ausbildung auftreten, hat man hier eine sichere Übung an der Hand, zu der man immer wieder zum Korrigieren zurückkehren kann.

Zum Schultervor wird die Vorhand mit den Zügelhänden nur so weit an den inneren Hufschlagrand herangeführt, dass die innere Schulter des Pferdes vor die innere Hüfte kommt. Das innere Hinterbein tritt in Richtung zwischen die Vorderbeine, während das äußere jedoch weiter dem äußeren Vorderbein folgt. Dabei ist das Pferd gestellt und gebogen wie auf einem 30-Meter-Zirkel. Daraus ergibt sich der Einsatz von Schenkel und Gewicht automatisch, wobei auf den Punkt Gewichtsverlagerung später noch genauer eingegangen wird. Ein Betrachter soll von vorn deutlich drei Beine sehen können.

Zur Einleitung beruft man sich ruhig wieder auf eine Übung mit Wiedererkennungswert – das „Biegung mitnehmen". Zur Steigerung bis zum Schultervor braucht jetzt nur aus einem Zirkel heraus bei vermehrter Führung außen

Schultervor ist dann richtig, wenn ...

… der Takt gleichmäßig bleibt,
… die Dehnungshaltung jederzeit abrufbar ist,
… eine verbesserte Führung fühlbar wird,
… der Vorwärtsdrang bei Regulierbarkeit des Tempos erhalten bleibt,
… das Einrahmen zwischen den Hilfen sich verbessert,
… verbessertes Beugen und energischeres Abfußen des inneren Hinterbeins erreicht wird,
… das Gefühl vorherrscht, zum Beispiel bis zum Ende einer langen Seite reiten zu können ohne Verlust von Takt, Tempo, Stellung, Biegung, Abstellung,
… der Trab sich danach kraftvoller anfühlt.

Steigern wir nun das Abführen der auswendigen Schulter von der Bande so weit, dass die inwendige Schulter gerade vor die inwendige Hüfte gerichtet ist, so bedingt dies den ersten Grad von Rippenbiegung, wenn nicht ein Ausfallen des auswendigen Hinterfußes dadurch entstehen soll. Diese Richtung des Pferdes, welche die Grundlage aller gebogenen Linien auf einer wie auf zwei Hufschlägen bildet, bezeichnen wir ein für alle Mal mit dem Ausdruck „Schultervor".

Gustav Steinbrecht

das seitliche Bewegen der Vorhand mehr in den Vordergrund zu rücken. Jetzt kommt auch gleich auf den inneren Schenkel seine erste große Aufgabe zu: das Vorwärts erhalten und das innere Hinterbein in Richtung zwischen die Vorderbeine treiben. Wird hier der Einsatz der Hilfen schlecht dosiert, ist das häufigste Ergebnis eine Abstellung, die dem Schulterherein gleicht. Meist kommt es dann auch zu Takt- und Tempoverlusten. Daher gilt auch hier: weniger fordern, als man meint, dann ist es effektiver, als man denkt.

Schultervor lässt sich auf fast allen Hufschlagfiguren reiten. Nicht geeignet sind lediglich solche, bei denen ein frisches Rausreiten nicht möglich ist oder sich das Pferd dies aufgrund seines Sichtfeldes oder mangelnder Erfahrung nicht traut, also beispielsweise am Ende der offenen Zirkelseite oder in Richtung einer Ecke.

Ist der Reiter schon sicherer in seiner Einwirkung, so kann die Arbeit auf gebogenen Linien dazugenommen werden. Hier bieten sich jetzt die Vorzüge des Zirkels einerseits und die des Schultervor andererseits an. Hier geht es um gezielte Arbeit an der Beweglichkeit der Vorhand, am Gleichgewicht sowie an der Anregung der Hinterbeine zum Kreuzen (was sie im Geradeaus nicht müssen).

Reiten in Stellung

Genau wie das Schultervor dient auch das Reiten in Stellung vorwiegend dem Beweglichmachen der Hinterhand. Hier geht es aber um das äußere Hinterbein, das trainiert werden soll.

Bei leichter Stellung und Biegung nach innen soll das Pferd mit dem äußeren Hinterbein in Richtung zwischen die Vorderbeine treten, während das innere Hinterbein dem inneren

Reiten in Stellung ist eine kaum sichtbare Übung. Hier wird es mit fast schon zu deutlichem Untertreten des äußeren Hinterbeins gezeigt.

Vorderbein folgt. Der Reiter soll jetzt, laut Anforderung der Reitinstruktion von 1882, „bei geradem Sitz das inwendige Nasenloch und Auge schimmern sehen". Ein Betrachter soll von vorn hingegen das äußere Hinterbein zwischen den Vorderbeinen durchschimmern sehen. Vom Bild her könnte man eine Idee von Travers haben, bleibt jedoch auf dem ersten Hufschlag.

Diese Übung wird auch gern als Galoppstellung bezeichnet, da das äußere Hinterbein schon einmal auf seine kommende Aufgabe – das Angaloppieren – vorbereitet wird.

Diese Abstellung ist geringer, als man meint, jedoch erneut effektiver, als man denkt. Um dabei der Gefahr zu entgehen, dass das Pferd schief wird oder sich in eine Art Travers entzieht, muss gerade hier dem Vorwärts immer wieder Bedeutung beigemessen werden. Solange das Gefühl für diese geringe Abstellung noch nicht ausgeprägt ist, ist eine Korrektur von außen von Zeit zu Zeit hilfreich. Ein Blick in einen Spiegel kann helfen, am besten ist jedoch das kritische Auge des Reitlehrers. Effektiv und anschaulich sind auch Videoaufnahmen nur von den Beinen.

Zur Entwicklung bietet sich an, aus der Ecke heraus die Biegung eines Kreises von circa 30 Metern Durchmesser mitzunehmen. Dann kann man inneres Auge und inneren Nüsternrand schimmern sehen und mit dem äußeren Schenkel hinter dem Gurt das äußere Hinterbein zum Gedanken an Travers anregen. Zum Beenden: Hilfen auslassen und an die Vorwärtsbewegung denken.

Schultervor und Reiten in Stellung im Vergleich:
Es ändert sich vor allem die Bewegungsrichtung der Hinterbeine.

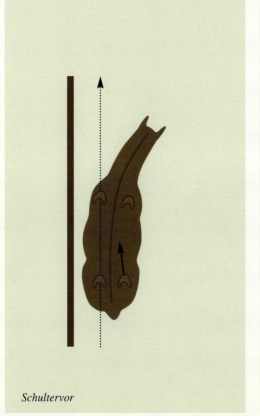

Schultervor

Reiten in Stellung

Über die Seitengänge an sich

Nach den Beschreibungen der Grundlagen und Vorübungen wird es jetzt um die eigentlichen Seitengänge gehen: Schulterherein, Travers, Renvers und die Traversalen, wobei der Schwerpunkt auf das Schulterherein sowie das Travers ausgerichtet sein soll. Diese beiden bilden die Basis für eine systematische Ausbildung. Um dem Leser eine klare Struktur und vergleichendes Lesen anzubieten, sind die einzelnen Kapitel weitgehend identisch gegliedert.

Das Pferd bewegt sich in einem Abstellungswinkel von etwa 30 Grad zum Hufschlag auf drei Hufschlaglinien, es ist dabei entgegen der Bewegungsrichtung gestellt und gebogen. Während die Hinterbeine sich auf dem Hufschlag nahezu geradeaus bewegen, kreuzen

Schulterherein

Schulterherein

Die sogenannte „Mutterübung" aller Seitengänge wird im 18. Jahrhundert ausführlich von François Robichon de la Guérinière als „L'Epaule en Dedans" auch in ihrer gymnastischen Wirkung erläutert. Doch bereits um 1600 wurde ein Hereinbringen der Schulter auf der Volte, also eine Art Schulterherein, von Georg Engelhard von Löhneysen erwähnt.

Im Vergleich zum Schultervor wird beim Schulterherein bei vermehrter Stellung und Biegung die Vorhand so weit in die Bahn hereingeholt, dass das äußere Vorderbein dem inneren Hinterbein in einer Spur vorausgeht.

Schulterherein im Vergleich: links in barocker Form auf vier Hufschlaglinien, rechts in heutiger Form auf drei Hufschlaglinien.

 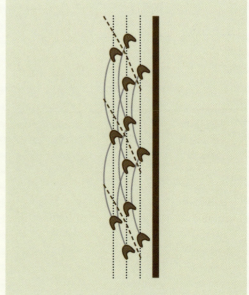

die Vorderbeine bedingt durch die seitliche Abstellung leicht.

In der „barocken Form" des Schulterherein, die La Guérinière im Zitat auf Seite 59 beschreibt, wird die Vorhand weiter hereingeholt, mit einem dem Schenkelweichen ähnelnden Abstel-

lungswinkel von etwa 45 Grad, sodass jedes Bein auf seiner eigenen Hufschlaglinie geht. Stellung und Biegung fallen geringer aus als beim Schulterherein auf drei Hufschlaglinien.

Nach heutiger Meinung geht so die versammelnde Wirkung verloren, da das Pferd am

Daß es die vorderen Füße schränke und in rechter Ordnung umgewandt werde, daß es just und gleich, daß es mit dem Arsch nicht auslaufe, sondern mit den hintern Füßen mitten in der Furchen bleibe.

Georg Engelhard von Löhneysen

Statt das Pferd auf dem Hufschlag an der Wand mit aufeinander ausgerichteten Hüften und Schultern genau geradegehen zu lassen, stelle man seinen Kopf und Hals ein wenig nach innen zur Mitte der Bahn, so als wollte man tatsächlich abwenden, und wenn es so schräg gestellt und gebogen ist, lasse man es an der Wand entlang vorwärtsgehen, von dem inneren Zügel und Schenkel unterstützt. Diese Lektion hat so viel günstige Auswirkungen auf einmal, daß ich sie als Alpha und Omega aller Übungen ansehe, mit denen man das Pferd gänzlich geschmeidig und in all seinen Körperteilen vollkommen locker machen kann.

François Robichon de la Guérinière

Schwerpunkt vorbeitritt. Diese Frage wird in der barocken Lehre jedoch nicht weiter vertieft, da man keinen Unterschied zwischen lösenden und versammelnden Übungen machte, wie es heute der Fall ist.

Welche Form des Schulterherein letztendlich tatsächlich geritten wird, darf keine ideologische Frage sein, sondern sollte sich am Nutzen für das Pferd orientieren. Beide Formen können im wahrsten Sinne ein Mittel „für und gegen alles" sein und sollten somit nicht Streitpunkt, sondern Anlass zum Erfahrungsaustausch sein.

Gymnastischer Wert und Nutzen für die Ausbildung

Im Schulterherein wird das innere Hinterbein angeregt, vermehrt unter den Schwerpunkt zu treten. Gleichzeitig müssen sich die Hüft- und Kniegelenke vermehrt beugen (Hankenbeugung) und die Tragkraft der Hinterhand wird angesprochen. Somit lassen sich Gleichgewicht, Aufrichtung und Versammlung verbessern. Der Schenkelgehorsam wird gefördert, weil das Pferd sensibler reagieren muss, und hiermit verbessert sich auch die Längsbiegung. Durch das seitliche Kreuzen der Vorderbeine in Verbindung mit vermehrter Hankenbeugung gewinnt das Pferd an Schulterfreiheit. Die Erhöhung der Aufmerksamkeit und Motivation des Pferdes kann im Wechsel mit anderen Seitengängen noch gesteigert werden. Der portugiesische Reitmeister Nuno Oliveira bezeichnete das Schulterherein einmal treffend als das „Aspirin der Reiterei, es heilt alles".

Hilfengebung

Die Zügel sind für die Leitung der Vorhand, die Schenkel für das Einrahmen der Hinterhand verantwortlich; das Gewicht wirkt unterstützend.

An dieser Stelle soll eine erste, einfache Beschreibung der Hilfen gegeben werden. Weitere Überlegungen zum Einsatz der Gewichtshilfen werden im Kapitel „Schulterherein spezial" (ab Seite 105) anschaulich und von vielen Seiten beleuchtet.

Nachdem Reiter und Pferd sich mittels halber Paraden auf die Übung eingestellt haben, wird das Pferd an beiden Zügeln, vorwiegend am äußeren Zügel, geführt. Dieser gibt aber so viel nach, wie es notwendig ist, um dem Pferd die Biegung nach innen zu ermöglichen und der äußeren Schulter Platz zum Vorgreifen zu geben. Darüber hinaus sorgt er zusammen mit dem eine Handbreit hinter dem Gurt liegenden Schenkel für die Bewachung der Biegung. Der innere Zügel erhält die Nachgiebigkeit und sorgt zusammen mit dem am Gurt liegenden inneren Schenkel für das seitliche Geschmeidighalten und die Beweglichkeit des Pferdes. Gleichzeitig hat er die Aufgabe, das Vorwärts zu erhalten sowie das innere Hinterbein zur Lastaufnahme anzuregen.

Entwicklung der Übung

In der beginnenden Arbeit im Schulterherein, später auch in den anderen Seitengängen, steht für mich immer eine sehr hilfreiche Forderung von Egon von Neindorff (1923–2004) im Vordergrund. Er empfahl mir, in der Reihenfolge der Wichtigkeit folgende Punkte zu beachten: aufbauend auf der Ausbildungsskala Takt, Tempo, Stellung, Biegung, dann kommt erst der Grad der Abstellung. Verschlechtert sich einer dieser geforderten Punkte oder geht er gar verloren, muss sofort weniger verlangt werden. Ist alles in Ordnung, kann ruhig nach mehr gefragt werden.

Die Veränderung der Schenkellage (links: am Gurt, rechts: hinter dem Gurt) richtet sich nach dem Ausbildungsstand und kann manchmal nur wenige Zentimeter betragen.

Durch die Arbeit auf gebogenen Linien lässt sich das Schulterherein gut verbessern.

Vor der Einleitung des Schulterherein ist es notwendig, die seitliche Beweglichkeit und Nachgiebigkeit noch einmal abzusichern beziehungsweise wieder in Erinnerung zu rufen. Dies kann auf einem Zirkel oder unmittelbar vorher auf einer Volte geschehen. Aus dieser gebogenen Linie heraus nimmt man die Biegung mit, jedoch mit mehr Führung außen und möglichst schon vermehrter Reaktionsfreudigkeit auf die vorwärts-seitwärts statt nur vorwärts treibenden Schenkelhilfen. Zeigt das Pferd hier in der Anfangsphase des Lernens nur einige Pferdelängen, genügt das vollkommen. Dann sollte man gleich einen Mittelzirkel, den Wechsel durch die Diagonale oder Leichttraben einbauen, um keine Überforderung zu forcieren, sondern das Vorwärts immer wieder zu betonen.

Hieraus ergeben sich bereits erste Übungsabläufe zur Entwicklung und Verbesserung des Schulterherein:

- *Mittelzirkel* – offene Seite Schultervor (Biegung und inneres Hinterbein werden schon optimal auf die kommende Anforderung vorbereitet) – ganze Bahn – halbe lange Seite Schulterherein
- *Zirkel verkleinern* – im Schultervor vergrößern (innere Schulter wird frei) – ganze Bahn – Schulterherein
- *Volten an der langen Seite* (immer wieder Absicherung der Biegung, wechselnde Abfrage des Gleichgewichts) – Schulterherein
- *lange Seite Schultervor* (leichtere Biegung wird abgesichert) – Zirkel, offene Seite Schulterherein

Typische Fehler und mögliche Korrektur

Zur Vermeidung oder sogar Verfestigung von Fehlern muss der Reiter sich immer wieder mit kleinen Erfolgen zufriedengeben. Natürlich sollte er das Notwendige fordern, aber nur für kurze Reprisen. Sie erhalten Aufmerksamkeit und Motivation, vermeiden Überforderung und beugen der Ermüdung des Paares vor. Dabei ist jedoch auch zu bedenken, ob die auftretenden Fehler tatsächlich dort zu finden sind, wo sie auftauchen, oder ihre Ursachen ganz woanders haben.

Nachfolgend sind auszugsweise einige typische Unregelmäßigkeiten, wie ich sie gern nenne,

Seitwärts unterwegs

Schulterherein mit ausfallender Hinterhand – erkennbar daran, dass das äußere Hinterbein den Hufschlag nach außen hin verlässt.

Wie für dieses Foto extra dargestellt, führt unter anderem eine ungünstige Gewichtsbelastung zu einem häufigen Fehler: Die Biegung im Schulterherein geht verloren.

aufgelistet, deren mögliche Ursachen sowie sinnvolle Lösungsmöglichkeiten aufgeführt.

Generell gilt bei auftretenden Schwierigkeiten: weniger machen, im Zweifelsfall Übung abbrechen und im Leichttraben erst einmal wieder das Vorwärts und gegebenenfalls das Herandehnen absichern.

Typische Fehler im Schulterherein

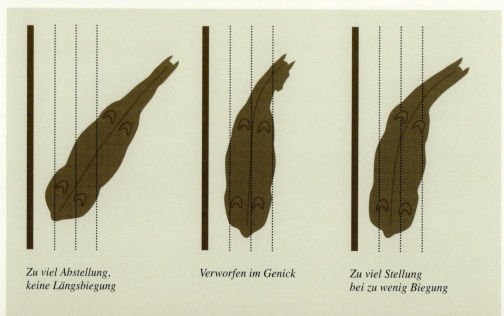

Zu viel Abstellung, keine Längsbiegung   *Verworfen im Genick*   *Zu viel Stellung bei zu wenig Biegung*

Eventuelle Unregelmäßigkeiten beim Pferd	Mögliche Ursache	Lösungsmöglichkeiten
Unregelmäßiger Takt, ungleiches Tempo.	• Gleichgewichtsverlust, mangelnde Schulterfreiheit, nur Halsbiegung?	• Innen leichter werden und mit innerem Schenkel das Vorwärts erneut herausstellen.
	• Pferd zeigt hinten mehr Aktivität, als es vorn ausbalancieren kann.	• Auf gebogenen Linien durch Reiten unter Tempo das Gleichgewicht erneut herstellen, danach das alte Tempo.
Durchlässigkeit geht verloren.	• Es wird zu viel Wert auf das „aktive Hinterbein" bei zu wenig Vorwärts gelegt, dadurch stehen Schieben und Tragen im schlechten Verhältnis zueinander.	• Übung abbrechen. • Reiter von der Richtigkeit von „weniger" überzeugen. • Seitliche Nachgiebigkeit unter anderem durch Schlangenlinien erneuern. • Durch Konterschulterherein Aktivität herausnehmen.
	• Es wird zu lange zu viel gefordert.	• Nicht dem Wunsch erliegen, bis zum Ende der langen Seite reiten zu wollen; lange Seite aufteilen.
Ausfallen des äußeren Hinterbeins.	• Hinterbein ist seiner Aufgabe nicht gewachsen und sucht einen Ausweg.	• Travers vorab einbauen, dann im Schulterherein an Travers denken. • Achten einbauen (äußeres Hinterbein wird zum inneren und muss sich beugen).
	• Zu viel innerer Zügel oder Schenkel, Reiter knickt in innerer Hüfte ein.	• Reiten auf dem dritten Hufschlag, an Konterstellung oder -biegung oder sogar an Renvers denken.
Anlehnungsfehler (Verwerfen, hinter der Senkrechten).	• Zu viel Handeinwirkung: festhalten, „rückwärts reiten", dadurch sucht das Pferd ein anderes Gleichgewicht.	• Reiten auf gebogenen Linien mit seitwärts weisenden Händen. • Einhändig reiten. • An Zügel-aus-der Hand-kauen-Lassen denken. • Gedanklich loslassen können.
Zu viel Abstellung, zu wenig Biegung.	• Pferd macht sich fest, falsches inneres Bild der Abstellung.	• Travers, Volten, Achten reiten.
Pferd wird unruhig.	• Überforderung, Reiter und Pferd verlieren den Überblick.	• Auf anderen, unbekannten Linien wenig fordern. Pausen im Halten.

Eventuelle Unregelmäßigkeiten beim Reiter	Mögliche Ursache	Lösungsmöglichkeiten
Keine klare Linie erkennbar.	• Falsches inneres Bild vom Seitengang.	• Aufgabe des Reitlehrers: andere Erklärungen wählen, selber vorreiten; wenige Meter fordern, ggf. nur Schritt.
Einknicken in der Hüfte.	• Pferdeschulter kommt nicht weg von der Wand, inneres Hinterbein drängt herein.	• Schlangenlinien mit Betonung des Abwendens, kurze Abläufe im Leichttraben für mehr Vorwärts als Abstellung.
Innere Hand wandert über Mähnenkamm oder wirkt rückwärts.	• Mangelnde Nachgiebigkeit.	• Breitere Zügelführung, Gerte als „Abstandhalter" (siehe Foto unten). • Gesamtbeweglichkeit erneut herstellen, Achten reiten.
Statt Schulterherein wird „Kopfherein" geritten mit verbogenem Hals.	• Zu viel innerer Zügel.	• An Neckreining denken (aus der Westernreiterei kommend, äußerer Zügel „drückt" an den Widerrist). • Vermehrt nach innen sitzen.
	• Stark nach außen sitzend, Einknicken in der Hüfte.	• Führung außen verbessern durch Konterstellung. • Äußere Hüfte mehr unter den Körpermittelpunkt bringen, Bügel innen austreten.

Gute Hilfe zur Korrektur, wenn die innere Hand über den Mähnenkamm drückt:
Die Gerte hilft, dass sich eine Veränderung in der Handhaltung sofort bemerkbar macht.

*Schulterherein nur mit Halsring:
So lässt sich gut überprüfen, ob die Idee
von der Übung gut umgesetzt wird.*

Weiterführende Übungsabläufe

Um das Pferd im Schulterherein frisch und aufmerksam zu halten und um die positiven gymnastischen Effekte auch für die Verbesserung anderer Lektionen zu nutzen, haben sich in meiner Reit- und Unterrichtspraxis eine Reihe effektiver Abläufe bewährt, von denen ich einige hier vorstellen möchte.

Zunächst einmal kann Schulterherein auf den unterschiedlichsten Linien geritten werden, zum Beispiel auf dem Zirkel, in der Volte, auf der Mittellinie, durch die Ecke hindurch, auf einer einfachen Schlangenlinie ... kurz: überall dort, wo die Hilfen zum Schulterherein nicht falsch verstanden werden können und der Reiter „dem Pferd eine klare Aufgabe stellen" kann. (Zitat Burkhard Beck-Broichsitter)

- Für den Erhalt der Nachgiebigkeit und der Aktivität des inneren Hinterbeins das Schulterherein durch Volten „untermalen". Hierbei bewusst die Biegung auf der Volte erhalten, eventuell mit dem Gedanken an Kruppeheraus. Dann ist die „einfache" Biegung im Schulterherein geradeaus später gar nicht mehr so schwierig für das Pferd.
- Im Wechsel von Volte und Geradeaus das Gleichgewicht ansprechen und mit den reiterlichen Gewichtshilfen „spielen" sowie

Schulterherein ist dann richtig, wenn ...

- ... ich jederzeit in der Lage bin, Abstellung, Richtung und Tempo zu variieren.
- ... ich mein Pferd eingerahmt und vor den Hilfen entlang einer gedachten freien Linie reiten und die Linie jederzeit verändern kann.
- ... ich jegliche Traversalverschiebung anschließen lassen kann.
- ... ich daraus jegliche Verstärkung und Versammlung reiten kann.
- ... der Trab danach ausdrucksstärker, erhabener, schwingender geworden ist.
- ... ich mein Pferd auch nur mit Halsring reiten kann.

Das Durchreiten der Ecken kann mithilfe des Schulterherein gezielt verbessert werden.

zu unterbrechen: „Die alten Meister passierten die Ecken nicht immer auf zwei Hufschlägen, sondern benutzten diese sehr oft zur erneuten Sammlung ihrer Pferde, indem sie sie ein bis zwei Pferdelängen vorher auf einen Hufschlag führten und mit der ganzen Biegung des Schulterherein scharf durch die Ecken drückten. Der innere Zügel und Schenkel bewirkten dabei das Hineinführen der Vor- und Hinterhand, der äußere Zügel und Schenkel aber das Hinausführen und Wiederaufnehmen der Schulterhereinstellung hinter der Ecke."

Bekannt ist im 19. Jahrhundert auch die Variante, das Pferd aus dem Schulterherein in einer Vorhandwendung durch die Ecke zu führen (preußische RV von 1825): „Der Reiter führt das Pferd in der bisherigen Stellung fort, bis er gegen die Ecke kommt, hier lässt er die Vorhand kürzertreten, während er die

vermehrte Biegung fordern. Beispielhafte Abläufe hierfür: Anfang der langen Seite Schultervor – Volte – Schulterherein; in die Ecke kehrt – Schulterherein; später auch Schulterherein – Volte – Travers

- Das Durchreiten von Ecken kann durch Schulterherein bewusst gestaltet und somit verbessert werden. Eine Möglichkeit besteht darin, das Schulterherein durch die Ecke wie eine Hinterhandwendung in der Bewegung zu reiten. In der alten preußischen Reitvorschrift (RV) von 1825 heißt es: „Der Reiter muss somit beim Durchreiten der Ecken im Schulterherein eine fortlaufende Wendung auf der Hinterhand mit beweglichem Drehpunkt ausführen. Der innere Hinterfuß soll jedoch nicht zum Stehen angehalten werden."

Steinbrecht plädiert dafür, das Schulterherein während des Durchreitens der Ecken

Den Schub der Hinterhand nutzen:

Hinterhand stärker übertretend durch die Ecke drückt, bis das Pferd auf der neuen Linie angekommen ist." Aus der RV des Jahres 1882 stammt folgendes Zitat: „Zwei Schritte vor der kurzen Wand in der bisherigen Stellung angekommen, veranlassen die Zügel die Vorhand zu kürzeren Tritten. Die Hinterhand tritt in den bisherigen taktmäßigen Tritten um die Vorhand herum."

- Am Anfang der langen Seite ein paar Meter Schulterherein, dann „verspätet" diagonal wechseln, dabei Tritte verlängern. Hier nutze ich den Effekt, dass sich beim Schulterherein weniger Last auf der Vorhand befindet, der Schub kommt von hinten, die Hinterbeine sind gebeugt, das Pferd ist gesammelt und wartet förmlich darauf, den Schub ins Vorwärts entwickeln zu können.

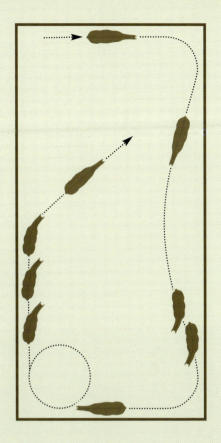

Übungsabfolgen im schnellen Wechsel mit dem Schulterherein als wesentliches Element schulen Koordination, Trag- und Schubkraft.

Aus dem Schulterherein kann jetzt gut das Verlängern der Tritte entwickelt werden.

- Als Steigerung der Abfrage von Trag- und Schubkraft sowie der Erhöhung der Aufmerksamkeit bietet sich folgende Übung im schnellen Wechsel an: auf der rechten Hand Anfang der langen Seite ein paar Meter Schulterherein (zum Beispiel von M bis zum Zirkelpunkt), daraus verspätet auf eine diagonale Wechsellinie abwenden, Tritte herauslassen, wie das Pferd sie anbietet, aber nur bis Höhe Mittellinie, dort im versammelten Trab auf die Mittelline schwenken und im Schulterherein links bis zur Mitte der kurzen Seite.

  Der positive Effekt dieser Übung ist ihr „Wiedererkennungswert". Er besteht darin, dass das Pferd schon im Schulterherein gut nach vorn zieht, da es den darauf folgenden Mitteltrab oder das Verlängern der Tritte ahnt.

- Weiterentwicklung dieser Übung: Inneres Hinterbein tritt im Schulterherein (in unserem Beispiel rechts) mehr unter den Schwerpunkt, das heißt, es ist schon an Arbeit in Form von Lastaufnahme gewöhnt. Nachdem es nun beim Verlängern der Tritte Reaktionsfreudigkeit gezeigt hat, kann auf der Mittellinie statt des Schulterherein ein Travers links (in Bewegungsrichtung) entwickelt werden, indem das alte innere Hinterbein zum Kreuzen angeregt wird. Natürlich können diese Abläufe auch andersherum geritten werden. So fordern und fördern sie noch mehr das Einrahmen und genaue Reiten von Lektionen ohne Bande.

- Und noch eine Steigerungsmöglichkeit: An das Schulterherein kann später eine Traversale angeschlossen werden. Biegung und Abstellung sind schon vorhanden, und da das Pferd durch den bekannten Ablauf der Übung weiß, was kommt, ist die Bewegungsrichtung schon einmal klar und auch das Vorwärts wird gut erhalten bleiben.

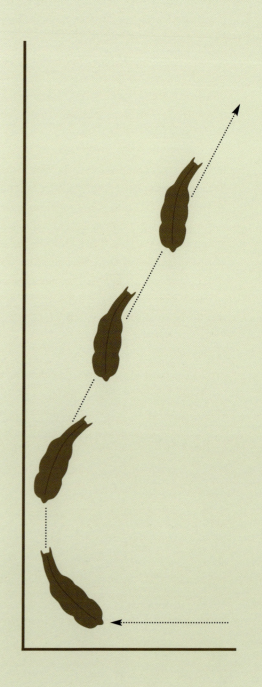

Gutes Zusammenspiel: Aus dem Schulterherein lässt sich die Traversale auf der Diagonalen entwickeln.

Auch hier eine gesteigerte Anforderung dazu: Schulterherein rechte Hand – Diagonale zulegen – Mittellinie Schulterherein oder Travers – Mitte der kurzen Seite linke Hand – ab Anfang der langen Seite nach links traversieren.
- Als versammelnde Übung mit deutlicher Beugeforderung an das innere Hinterbein können Schritt-Trab-Übergänge im Schulterherein geritten werden, sowohl auf der geraden als auch auf der gebogenen Linie (Zirkel).

Pferde, die sich zum Beispiel bei Übergängen gern auf die Hand legen, werden durch diese vermehrte Verlagerung des Gewichts auf die äußere Seite insgesamt leichter, sie heben sich vorn an und werden beweglicher im Kopf-Schulter-Bereich.

Außerdem dient dieser Ablauf sehr gut als Vorbereitung für verkürzte Tritte in Richtung Piaffe. Durch den Übergang in Biegung wird mehr Anforderung in Bezug auf die Beugung an das innere Hinterbein gestellt. Wird das Schulterherein im verkürzten Trab im späteren Verlauf nur noch bis an die Schrittgrenze herangeritten, wird das Pferd sich schon in Erwartung des Übergangs von allein auf- und zurücknehmen. Noch bevor es jedoch tatsächlich zum Schritt kommt, muss es sofort wieder nach vorn geschickt werden. Als weitere Steigerung bietet es sich an, das Rückwärtsrichten einzubauen. So wird der Vorwärtsdrang vermehrt in die Arbeit integriert. Damit habe ich später erneut eine Übung mit „Wiedererkennungswert". Das bedeutet: Sollte das Pferd sich kurzfristig nicht tragen können oder ich die Gangart ausdrucksvoller gestalten wollen, brauche ich es nur kurz an das Aufnehmen im Schulterherein zu erinnern und es wird sofort reagieren.

- Für ein gesetztes und sicheres Angaloppieren: Einfache Schlangenlinie an der langen Seite im Schulterherein reiten und ohne Umstellen im Schulterherein zurück zur Wand, am Wechselpunkt angaloppieren. Auf dem Weg zurück zur Wand wird das äußere Hinterbein durch die vermehrte Lastaufnahme auf seine Aufgabe beim Angaloppieren vorbereitet. Denn es soll ja, bildlich gesprochen, das ganze Pferd von außen-hinten über einen Berg nach innen-vorn schicken. Durch die leichte Gewichtsverlagerung des Reiters nach außen, die hier gewollt ist, wird die innere Schulter des Pferdes freier beweglich und kann beim Angaloppieren besser vorgreifen.

Als Vorübung kann die einfache Schlangenlinie auch erst einmal im Schritt im Schulterherein geritten werden, um aus dem Schritt den Galopp zu entwickeln. Mit Pferden, die diesen Ablauf neu kennenlernen und noch nicht genügend versammelt sind, empfiehlt es sich, die Linie erst einmal sozusagen als „Trockenübung" im Schritt abzureiten. Später beim Üben auch ruhig die einfache Schlangenlinie etwas verkürzen, das heißt ein paar Meter vor dem Wechselpunkt den Hufschlag wieder erreichen. So hat das lernende Pferd nicht nur genügend Platz, seinen Rhythmus zu finden, es wird auch nicht durch die kurze Seite in seinem Vorwärtsdrang gebremst.

Ein ähnlich effektiver Ablauf zum Angaloppieren ist auf der Zirkellinie zur geschlossenen Seite hin machbar. Hier ist die Biegung schon vorhanden, ich muss sie nur ein wenig mehr fordern und darauf achten, wirklich im Schulterherein anzukommen. Dieser Ablauf fördert fast noch besser das kraftvolle Anspringen.

Konterschulterherein

Konterschulterherein

Konterschulterherein ist die Konterlektion zum „echten" Schulterherein. Hierbei wird in der Regel auf dem dritten Hufschlag die Vorhand bei Stellung und Biegung in Richtung Bahnäußeres geführt. Es bleibt, genau wie im Schulterherein, die Hinterhand auf ihrem Hufschlag. Somit ist das Pferd nicht zur Bahnmitte hin, sondern nach außen (zur Bande hin) gebogen. (Hier ist jetzt innen, da die Seite, zu der das Pferd gestellt und gebogen ist, ja immer als die innere bezeichnet wird.)

Das Konterschulterherein kann auf jeder geraden Linie geritten werden, im weiteren Verlauf der Ausbildung auch auf gebogenen Linien oder in Form einer Ovalbahn durch die Ecken.

Gymnastischer Wert und Nutzen für die Ausbildung

Beim Reiten im Konterschulterherein geht es vorwiegend um ein Spiel mit dem Gleichgewicht, das in gewissem Maße auch die Pferde selbst gebrauchen, um in die Balance zu kommen. Lasse ich beispielsweise ein Pferd frei laufen, so werden besonders die jungen Pferde, aber auch solche mit Gleichgewichtsschwierigkeiten, sich eher nach außen als nach innen ausbalancieren.

Diese Tatsache kann ich mir als Reiter zur Vorbereitung von Übungen, aber auch bei auftretenden Problemen zunutze machen. Regt sich ein Pferd auf oder wird unaufmerksam, kann ich es – als Sofortmaßnahme am Unfallort sozusagen – durch die Veränderung von

Konterschulterherein auf gerader und gebogener Linie – das Spiel mit dem Gleichgewicht.

Konterschulterherein auf der rechten Hand.

Konterschulterherein auf gebogener Linie. Die Reiterin schaut korrekt in die Rechtswendung.

Gleichgewicht und Blickrichtung wieder auf mich konzentrieren.

Gleichzeitig ermöglicht mir das Konterschulterherein, die Anforderungen an die Muskulatur der inneren und äußeren Seiten zu vertauschen; ein Ablauf, der bei Schwierigkeiten auf gebogenen Linien, im Schultervor oder Schulterherein sehr helfen kann. Eine verspannte oder angestrengte, der Bahnmitte zugewandte innere Seite wird auf diese Weise gedehnt und von der eigentlichen Anstrengung der Muskelanspannung kurz befreit.

Im weiteren Verlauf ist diese Lektion auch auf gebogenen Linien sinnvoll. Hier kann das Konterschulterherein besonders geeignet sein, die Versammlung zu fördern, da die Hinterbeine unterschiedlich lange Wege zu bewältigen haben.

Das der Bande zugewandte Hinterbein ist jetzt zwar das innere, hat jedoch den „weiteren" Weg. Das heißt, dass es sich nicht nur beugen muss, sondern es muss auch vorgreifen, um im Takt zu bleiben. Für das dem Bahninneren zugewandte, (neue) äußere Hinterbein bedeutet dies aufgrund des „kürzeren" Weges mehr Beugung.

Letztendlich ist Konterschulterherein ein gutes Mittel zur Überprüfung und Verbesserung des Gleichgewichts, der Aufmerksamkeit sowie der Einrahmung zwischen den Hilfen.

Hilfengebung

Die Hilfengebung entspricht der Einwirkung des Reiters im Schulterherein. Auf gebogenen Linien kann es notwendig sein, die Gewichtsverlagerung in die Bewegungsrichtung zu verdeutlichen, also nach außen – entgegen der Biegungsrichtung –, um einem Zurückdrängen zur Wand vorzubeugen.

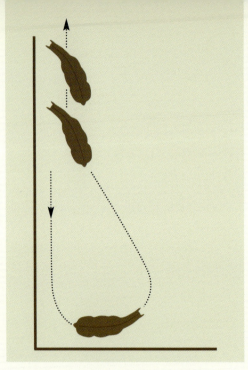

So lässt sich das Konterschulterherein durch die Kehrtwendung aus der Ecke entwickeln.

Entwicklung der Übung

Auf dem dritten Hufschlag wird das Pferd in Richtung Bande nach außen gebogen, als wollte man auf eine Volte in diese Richtung abwenden, aber doch geradeaus weiterreiten. Die Übung lässt sich außerdem gut entwickeln, wenn man durch die halbe Bahn oder aus dem Zirkel wechselt, ohne die Biegung zu verändern. Eine weitere Variante: aus der Ecke kehrt einleiten. Dann auf dem dritten Hufschlag parallel zur Bande weiterreiten. Als Steigerung der Anforderung so auch durch die abgerundeten Ecken reiten.

Weiterführende Übungsabläufe

- Konterschulterherein – in die Ecke kehrt – Schulterherein. Die Biegung wird einfach mitgenommen.
- Konterschulterherein – kurz geraderichten – angaloppieren im Handgalopp. Zur Vorbereitung für den Galopp ist dies hilfreich, weil sich im Konterschulterherein das innere (der Bande zugewandte) Hinterbein beugt, das als neues äußeres kraftvoll den Handgalopp beginnen soll. Zudem ist im Konterschulterherein die äußere Schulter frei und kann als neue innere Schulter im Galopp lockerer vorgreifen. Für das rechts hohle Pferd ist diese Übung beispielsweise auf der linken Hand sinnvoll, um den häufig schwierigeren Linksgalopp effektiv vorzubereiten.
- Schulterherein – Handwechsel – Konterschulterherein (Stellung und Biegung beibehalten) – geraderichten und zulegen. Sinnvolle Übung zum Erhalt begonnener Nachgiebigkeit und zur Anregung des alten inneren Hinterbeins zum Beugen. Das Hinterbein hat besonders in der Wendung – positiv gedacht – keine andere Chance, als zu folgen, weil es den weiteren Weg hat und trotzdem unter den Schwerpunkt

Das Konterschulterherein …

Konterschulterherein ist dann richtig, wenn ...

... mein Pferd sich durch die unterschiedliche Anfrage an die Hinterbeine aktiver und selbsttätiger anfühlt.
... ich mein Pferd wie auf Schienen – auch durch die Wendungen – sicher leiten kann.
... der Gang ausdrucksvoller und schwingend wird.
... sich die Aufmerksamkeit auf die inneren und äußeren Hilfen verbessert.
... es im Geradeaus hinterher deutlicher die Hand sucht beziehungsweise an die Hand herantritt.

treten muss. Daraus kann das Geraderichten und Verlängern der Tritte an der langen Seite entwickelt und so der Weg vom Tragen zur Schwungentfaltung beschritten werden.

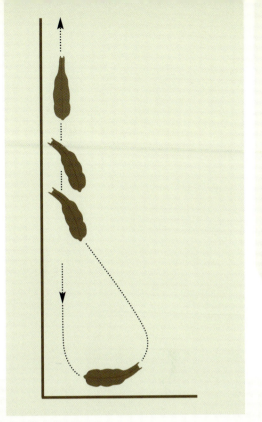

Aus dem Konterschulterherein die Tritte verlängern – gut für die Entfaltung von Schwung.

... ist gut für die Vorbereitung eines kraftvollen Angaloppierens geeignet.

Travers

Travers

Die Bezeichnung Travers ergibt sich vermutlich aus seiner französischen Wortbedeutung, wo „en travers" quer oder „de travers" schief beziehungsweise schräg bedeutet. Das Pferd ist also quer gestellt, es bewegt sich schräg zur Bande oder zum Hufschlag. Interessanterweise wird das gerittene Travers aber in Frankreich „Tête au mur" (Kopf zur Wand) oder „Croupe en dedans" (Kruppeherein) genannt und nicht „Travers". Der Begriff Kruppeherein wird im Deutschen synonym verwendet und ist vielleicht für den lernenden Reiter auch leichter nachzuvollziehen.

Im Gegensatz zum Schulterherein auf drei Hufschlaglinien, wo nur die Vorderbeine kreuzen und die Hinterbeine nahezu geradeaus fußen, kreuzen im Travers und seiner Konterlektion, dem Renvers, sowohl Vorder- als auch Hinterbeine. Somit stellt es einen erhöhten Schwierigkeitsgrad dar, insbesondere an das Gleichgewicht, und sollte erst mit in die Ausbildung aufgenommen werden, wenn das Schultervor weitgehend abgesichert ist und – das ist fast das Wichtigste – wenn der Reiter das Pferd beim Geradeausreiten jederzeit frisch nach vorn schicken kann.

Im Travers ist das Pferd deutlich in Bewegungsrichtung gestellt und gebogen. Die Vorhand bleibt auf dem Hufschlag, während die Hinterhand so weit hereingebracht wird, bis das äußere Hinterbein am inneren Vorderbein vorbei fußt. Bei einem Abstellungswinkel von 30 Grad geht das Pferd somit auf vier Hufschlaglinien. Um dem Fehler einer zu starken Abstellung bei wenig Biegung entgegenzuwirken, ist es ratsam, erst einmal mit geringerer Abstellung zufrieden zu sein.

Reitschüler fordern meist zu viel Abstellung bei zu wenig Biegung (siehe auch die Hinweise auf Seite 77).

Dem freudigen Ausruf einiger Reitschüler: „Mein Pferd kann auf einer Hand schon Travers gehen", muss man als Ausbilder leider häufig entgegenhalten: „Nein, es ist einfach nur nicht geradegerichtet."

Da beim Travers die Hinterhand ins Bahninnere gebracht wird, ist diese Position ähnlich der eines schiefen Pferdes auf der Seite seiner natürlichen Schiefe. Daher sind vorher sowohl das sichere Vorwärts als auch das Bewachen der Hinterbeine unentbehrliche Grundlagen für das weitere Arbeiten.

Als inneres Bild sollte der Reiter sich vorstellen, dass nur der Pferdekopf an der Bande mit dem Genickstück der Trense von oben fotografiert wird. Es dürfte auf dem Foto jetzt nicht zu erkennen sein, ob Travers, Zirkel oder ganze Bahn geritten wird. Wenn doch, hat der Reitlehrer wieder recht gehabt.

Gymnastischer Wert und Nutzen für die Ausbildung

Im Travers wird, wie im bereits vorgestellten Schulterherein, eine erhöhte Anforderung an Beugung und Lastaufnahme des inneren Hinterbeins gestellt. Das äußere Hinterbein wird zum vermehrten Kreuzen vor und über das innere aufgefordert. Dadurch ergeben sich – je nach Ausbildungsstand des Pferdes – eine fortschreitende Hankenbeugung sowie mehr Schulterfreiheit und damit einhergehend die Entlastung der Vorhand und vermehrte Versammlung.

Der Unterschied zum Schulterherein besteht in der Biegung in Bewegungsrichtung – eine Tatsache, die nicht nur Vorteile birgt, denn in dieser gebogenen Seitwärtsbewegung des Travers wird ein anderes Gleichgewicht abgefragt als in allen anderen Bewegungen, die das Pferd zuvor kannte. Sollte es nicht sorgsam genug vorbereitet worden sein, so wird es versuchen, sein natürliches Gleichgewicht entgegen der Bewegungsrichtung zu finden.

Bei entsprechend sorgfältigem Vorgehen lässt sich mit fortgeschrittenen Pferden Travers auch als lösende Übung nutzen. Mit diesen Pferden eignet sie sich dann ebenfalls als optimale Lektion zum Versammeln des Galopps.

Hilfengebung

Die Schenkelhilfen zum Travers unterscheiden sich nicht wesentlich von denen des Schulterherein. Ein wenig anders ist die Aufgabe des äußeren Zügels definiert. Er muss in Abstimmung mit dem inneren Zügel genügend nachgeben, um dem Pferd eine Biegung zu ermöglichen, aber noch so viel Kontakt erhalten, dass er als führender Zügel das Pferd entlang der Wand, wie an einem Geländer, leiten kann. Unterstützt wird er dabei durch den leicht hinter dem Gurt liegenden äußeren Schenkel. Der innere Schenkel liegt am Gurt und ist zuständig für Biegung und Erhalt des Vorwärts. Dem Gewicht fällt die Aufgabe zu, nach innen vorn die

Travers (links) und Renvers (rechts) sind vom Prinzip absolut identisch – nur die Wand wechselt quasi die Seite.

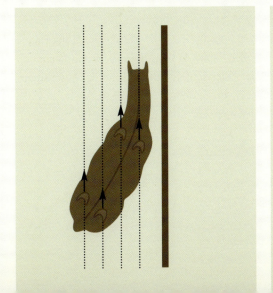
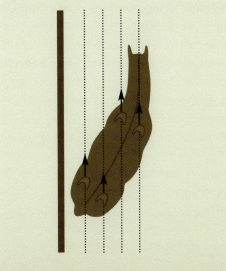

Bewegung des Pferdes unter das Reitergewicht zu unterstützen.

Manche Pferde neigen dazu, zurück zur Wand zu drängen oder gar nicht von ihr weg zu kommen. Hier kann es für den Reiter manchmal hilfreich sein, im Travers an Schulterherein zu denken (und umgekehrt im Schulterherein an Travers). So bleibt die Konzentration und Aufmerksamkeit des Reiters im Travers nicht zu sehr auf die Hinterhand des Pferdes fixiert, sondern er erfühlt auch die Beweglichkeit der Schulter (andersherum bedenkt er so auch im Schulterherein das äußere Hinterbein).

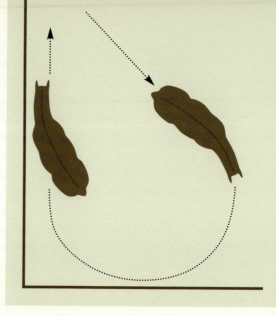

Das Travers lässt sich gut aus der meist unbekannten Figur „In die Ecke kehrt" entwickeln.

Entwicklung der Übung

Um einer zu großen Anforderung – und den daraus resultierenden Fehlern – vorzubeugen, ist es hilfreich, im Umsetzen der Hilfengebung in kleinen Schritten vorzugehen.

So hat es sich als sinnvolle Übung bewährt, die Biegung des Zirkels auf die lange Seite mitzunehmen und dann ein wenig mehr Abstellung zu verlangen. Dabei muss man dem äußeren Hinterbein allerdings noch in der Ecke durch den äußeren Schenkel hinter dem Gurt verständlich machen, dass es gar nicht erst auf den ersten Hufschlag zurückzukehren braucht, sondern sich auf dem zweiten bewegen soll. Dem Erhalt des Vorwärts mit dem inneren Schenkel ist dann als Nächstes Beachtung zu schenken. (Natürlich ist dem Vorwärts grundsätzlich immer Beachtung zu schenken. Zum Erlernen dieser Übung bietet es sich jedoch an, erst einmal in der beschriebenen Reihenfolge vorzugehen.)

Da das Pferd zu Beginn der Arbeit mit den Seitengängen der deutlichen Biegung wahrscheinlich noch nicht gewachsen ist, empfiehlt es sich, als Einweisungsübung das Reiten in Stellung, auch Galoppstellung oder Kleiner Travers genannt, zu reiten. Hierbei wird, wie ab Seite 54 beschrieben, dem Pferd eine geringere Biegung und Versammlung abverlangt, da das äußere Hinterbein nur in Richtung zwischen die Vorderbeine tritt. Ich lasse dies in einem versammelteren Tempo reiten, ohne jedoch den Vorwärtsgedanken aus den Augen zu verlieren – ich wecke ihn sogar zwischendurch immer wieder.

Leicht lässt sich das Travers auch aus dem leider nicht so bekannten „In die Ecke kehrt" entwickeln, da man hier nicht nur die im Anschluss benötigte Biegung bereits mitbringt, sondern sich auch die Hinterhand aus der Wendung heraus besser fixieren lässt.

Typische Fehler und mögliche Korrektur

Wie beim Schulterherein muss vor allem darauf geachtet werden, dass in der Übungsphase nur kurze Reprisen gefordert werden. Zwischendurch sollte das Pferd immer wieder ins Vorwärts und/oder auf gebogene Linien entlassen werden, zeitweilig auch im Leichttraben. Treten zu häufig Unregelmäßigkeiten auf, ist eine andere Vorgehensweise zu wählen oder gleich zu überlegen, ob das Pferd für die Lektion noch nicht genügend ausbalanciert ist. Ist dies der Fall, sollte man lieber wieder auf die Vorübungen zurückgreifen und diese zunächst absichern. Obwohl alle genannten Fehler unweigerlich miteinander zusammenhängen und nicht als Einzelerscheinung anzusehen sind, werde ich sie aufgrund des besseren Verständnisses in Einzelphänomene aufgliedern.

Eventuelle Unregelmäßigkeiten beim Pferd	Mögliche Ursache	Lösungsmöglichkeiten
Unregelmäßiger Takt, ungleiches Tempo.	• Zu viel Abstellung verlangt.	• Weniger Abstellung, mehr Biegung und Vorwärts.
	• Mangelnde Schulterfreiheit (innere Schulter blockiert), Gleichgewichtsverlust.	• Erst innen mit der Hand leichter werden, dann mit innerem Schenkel das Vorwärts erneut herausstellen.
Zu viel Abstellung, zu wenig Biegung (korrekt ist die Stirn-Nasen-Linie im rechten Winkel zur Bande).	• Zu deutliche Hilfen.	• Travers erst im Laufe der langen Seite entwickeln.
	• Falsches inneres Bild.	• Als Reitlehrer andere Formulierungen finden, sonst nur mit einer Biegung in Bewegungsrichtung zufrieden sein.
	• Seitliche Beweglichkeit nicht gegeben.	• Zirkel, Achten, Schultervor, Konterübungen vorweg einbauen.
Keine Schulterfreiheit, Geschmeidigkeit geht verloren, Ausfallen über äußere Schulter.	• Innerer Zügel will zu viel biegen.	• An Nachgeben oder sogar „gerades Pferd" denken.
	• Äußerer Schenkel fordert zu viel.	• Gedanklich zu wenig machen.
	• Einknicken in äußerer Hüfte (beim Versuch, die Kruppe hereinzudrücken).	• Bügeltritt außen, Volte nach innen (Fliehkraft!).
Verwerfen im Genick (oder andere Anlehnungsfehler).	• Verlust des Gleichgewichts.	• Nachgeben auf der Seite, zu der das Pferd das Maul dreht. • Gebogene Linien einbauen. • Weniger verlangen an Anforderung und Strecke.

Eventuelle Unregelmäßigkeiten beim Reiter	Mögliche Ursache	Lösungsmöglichkeiten
Einknicken in der Hüfte.	• Der Versuchung erlegen, mit dem Gesäß die Kruppe hereinschieben zu wollen.	• Äußere Hüfte mehr unter den Körper bringen. • Ohne Bügel reiten, dabei häufiger Wechsel von Travers rechts und links.
Die äußere Schulter bleibt zurück.	• Schenkel und Zügel außen werden nicht unabhängig voneinander genutzt.	• Körperpartien unabhängig voneinander korrigieren. • Viele Wendungen mit Zügel in äußerer Hand einbauen (Neckreining, siehe Tabelle Seite 64).
Innerer Schenkel zu weit hinten, falsche Gewichtsverlagerung.	• Inneres Hinterbein noch nicht bereit für erhöhte Anforderung, weicht aus. Setzt den Reiter eventuell falsch hin.	• Volte einbauen, damit die Wade wieder an den Gurt kommt. • Schultervor auf dem Zirkel, Reiten in Stellung wieder dazunehmen.
Herabdrücken der inneren Hand und zu starkes Annehmen des Zügels innen.	• Falsche Idee des Biegenwollens.	• Gerte auf Zeigefinger legen, um sich der Hände bewusst zu werden.
	• Zu viel äußerer Schenkel wird durch Geradewerden vom Pferd ausgeglichen.	• Travers erst im Laufe der langen Seite entwickeln. • Reitlehrer steht als Begrenzung der Biegung nach innen auf dem dritten Hufschlag.

Travers ist dann richtig, wenn ...

... jederzeit der Abstellungswinkel variiert werden kann, ohne dabei an Takt und Tempo zu verlieren
... die Losgelassenheit zum Beispiel durch Leichttraben ständig abrufbar ist.
... die Anlehnung leichter, aber nicht unbestimmter wird.
... das äußere Hinterbein anfängt, energisch abzufußen.
... das Pferd sich einrahmen und vor den Hilfen entlang einer gedachten Linie reiten lässt.
... die äußere Schulter sich frei von der Bande bewegt.
... ich das Gefühl habe, nach einem leichten Aufnehmen daraus unmittelbar angaloppieren zu können
... sich das Pferd in Wendungen besser trägt.
... die Grundgangarten danach ausdrucksstärker, ausbalancierter und schwingender geworden sind.

Ein häufiger Fehler im Travers: Die Reiterin knickt in der Hüfte ein und verändert so ihre Gewichtshilfe.

... sich freundliche Traversalverschiebungen anschließen lassen.

... im Schulterherein sich hinterher das äußere Hinterbein leichter auf seiner Spur halten lässt.

... ich später durch Wechsel der Seitengänge untereinander das Gleichgewicht ohne Schwierigkeiten verändern kann.

Weiterführende Übungsabläufe

Auch das Travers lässt sich sowohl auf geraden als auch auf gebogenen Linien reiten, im weiteren Verlauf der Ausbildung auch auf freien geraden Linien ohne Begrenzung durch die Bande. Im Wechsel mit anderen Seitengängen oder Lektionen kann so darüber hinaus eine Erhöhung der Aufmerksamkeit und Bereitschaft zur Mitarbeit beim Pferd bewirkt werden.

Folgende Abläufe (in denen das Travers im Trab oder zur Übung auch im Schritt geritten werden sollte) haben sich in meiner Unterrichtspraxis unter anderem bewährt:

- Durch die beinahe zur Standardübung gewordene Abfolge aus Schulterherein – Volte – Travers – Volte – Schulterherein verbessern sich der Schenkelgehorsam, die Aufmerksamkeit, das Gleichgewichtsgefühl und die Durchlässigkeit des Pferdes.
- Da das Pferd im Travers deutlich mehr Last in der Hinterhand aufnimmt, ist das Travers als Vorbereitung für ein gesetztes Angaloppieren hilfreich. Genauer: Das äußere Hinterbein, das den Galopp kraftvoll beginnen soll, tritt zuvor im Travers weiter unter den Pferdekörper, und das innere Hinterbein, das im Galopp weit nach vorn in Richtung unter den Schwerpunkt fußen soll, wird vorher im Travers stärker gebeugt und gleichsam gelockert. Diesen Zusammenhang kann man sich in folgenden Abläufen zunutze machen: Zirkel – offene Seite Travers – zur geschlossenen Seite daraus angaloppieren. Oder: Mittelzirkel – Travers – eine Pferdelänge vor E oder B angaloppieren. In diesen beiden Übungsabläufen soll das Pferd im Galopp wieder geradegerichtet werden.

Eine weitere Übung: Zirkel – Travers (im Trab oder Schritt) – angaloppieren und Travers beibehalten – Übergang zum Trab oder

Durch Travers vor dem Angaloppieren ist das Hinterbein, welches den Galopp beginnen soll, …

Schritt, Travers beibehalten. Hier soll zu Übungszwecken im Galopp das Travers erhalten bleiben. Reiter und Reitlehrer müssen hierbei allerdings bedenken, dass das Pferd sich gern das „schiefe" Galoppieren auf zwei Hufschlägen angewöhnt, auch wenn es nicht erwünscht ist, sodass es sinnvoll ist, zwischendurch auch immer wieder Galopp im Schultervor reiten zu lassen. Durch die Abfolge aus Arbeitsgalopp auf dem Zirkel – Verkürzen des Galopps im Travers – Arbeitsgalopp (geradegerichtet) fällt es vielen Pferden leichter, den Galopp zu verkürzen, weil die Hinterhand im Travers sofort auf mehr Lastaufnahme vorbereitet wird.

- Beim Angaloppieren aus dem Travers heraus kann der (fortgeschrittene) Reiter auch einmal seine Gewichtshilfen (im Sinne Philippe Karls) variieren: Im Ablauf Travers – Galopp entsteht eine Bewegung, bei der das Pferd quasi „über einen Berg" geschickt

Ein hilfreiches Bild: aus dem Travers beim Angaloppieren das Pferd „über den Berg schicken".

… schon unter dem Körper und wird freudiger und kraftvoller seine Arbeit verrichten.

wird. Im Moment des Angaloppierens sind dadurch die inneren Beine des Pferdes frei zum Vorgreifen im Galopp. Verlagert der Reiter zum Angaloppieren sein Gewicht nach außen-hinten, soll genau dieser Bewegungsablauf unterstützt werden. Besonders die innere Schulter kann freier nach vorn greifen, als wenn der Reiter innen-vorn belasten würde. Diese Variante des Angaloppierens hat zudem den Vorteil, dass das Pferd besser zwischen den Hilfen zum Angaloppieren (Gewicht außen) und der Hilfe zur Traversale (Gewicht innen) unterscheiden kann und es hier nicht zu Missverständnissen kommt.

- Aus der sicheren Beherrschung des Travers an der Wand kann ich eine Kehrtwendung oder aus der Ecke kehrt reiten, wobei ich mir bis zum Erreichen des Hufschlags die Wand weiterhin außen vorstelle, an der ich die Traversstellung beibehalte. Also, vornehm gesagt: Ich entwickle eine Traversale.

Entwicklung einer „freundlichen Traversale" aus dem Travers.

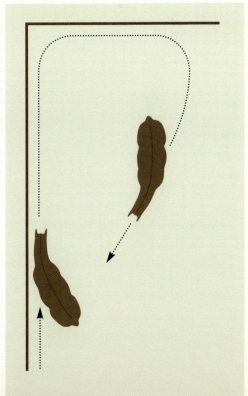

Solch eine kleine Verschiebung bezeichne ich gern als „freundliche Traversale", da gerade in der Anfangsphase dem Finden des Weges sowie dem Vorwärts mehr Wert beigemessen werden soll als dem korrekten Kreuzen. Nimmt der Reiter im Laufe der Ausbildung jetzt die äußeren Pferdebeine mit, so hat er seine Traversale.

Da das Pferd in dieser anstrengenden Haltung schnell wieder zurück zur Wand will, hat es sich als effektiv erwiesen, nur ein paar Meter auf diese Weise Traversale zu reiten, dann wieder ein Stück geradeaus und erst danach die Übung Traversale fortzusetzen. Durch diese schnelle Abfolge wird das für die Verschiebung so notwendige Gleichgewicht ständig neu abgefragt. Das Pferd bleibt aufmerksam und die Muskulatur frisch. Ferner lernt der Reiter, den für die Traversalen so notwendigen gedrehten Sitz bewusster einzusetzen (Reiterschultern parallel zu denen des Pferdes, Hüften ebenso).

So kleine Häppchen sind auch für Pferd und Reiter gut verdaubar und geistig besser vorstellbar, als wenn sie plötzlich auf die ganze Traversale „losgelassen" werden.

- Die gleiche Übung kann intensiviert oder erleichtert werden, indem ich schon die Ecke beziehungsweise die Kehrtwendung aus der Ecke im Travers durchreite. Dann ist auf dem „Rückweg" nur zu bedenken, die Vorhand vorauszuschicken. Vorteil für Pferd und Reiter: Die Hilfengebung für Biegung und Bewegungsrichtung bleibt gleich, es besteht nicht die Gefahr, dass das innere Hinterbein „verloren geht".
- Zur Vorbereitung für die Pirouette kann im Travers-Galopp der Zirkel bis auf Voltengröße verkleinert werden. Daraus wird dann wieder der Galopp geradeaus entwickelt. Später folgen Volten im Travers-Galopp,

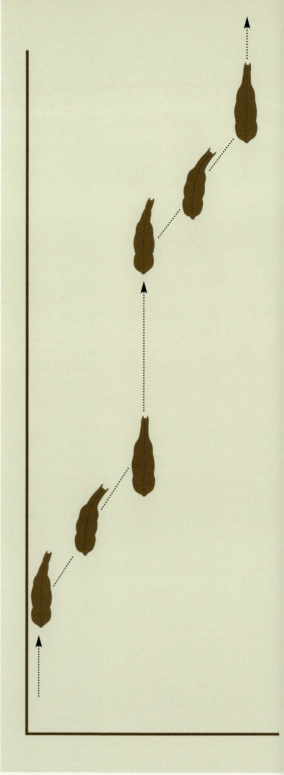

„Häppchenweises" Vorgehen: Anfangs wird die Traversale nur ein paar Meter geritten, dazwischen geht es geradeaus.

Antoine de Pluvinel zeigt König Ludwig XIII. das Wenden im Galopp auf der Stelle. (Zeichnung: Archiv Cadmos)

Aus dem Travers im Galopp folgt nach und nach die Pirouette.

die bis zur Pirouette verkleinert werden. Diesen Ablauf beschrieb bereits Pluvinel im 17. Jahrhundert als Travers um einen Pilar herum:

> **V**erkehrt mit der Croupe gegen der Säule auf einem engen Kreise zu traversiren ist eine Action, wodurch sich das Pferd lernet auf der Stelle zu wenden, dieses hat einen ausnehmenden Nutzen vor alle die im Kriege sind; kommt man ins Gedränge, so wird man sich leichter herauswickeln und durch Hülffe des Pferdes salviren können.
>
> *Antoine de Pluvinel*

Der Wechsel aus dem Travers …

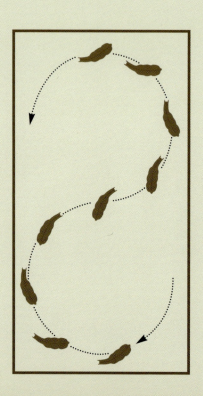

- Einen besonderen gymnastischen Effekt für das (alte und neue!) innere Hinterbein hat die Kombination Travers – Renvers auf gebogenen Linien: Man wechselt dazu im Travers aus dem Zirkel ohne Veränderung von Stellung und Biegung und schwenkt so in das Renvers auf dem anderen Zirkel um. Danach durch erneutes Wechseln aus dem Zirkel wieder ins Travers kommen. Das innere Hinterbein, das sich im Travers stärker beugen muss, hat im Renvers nun auch noch den weiteren Weg und muss neben dem Beugen zusätzlich weit vorgreifen, um den Takt zu halten.

… ins Renvers hat einen besonderen gymnastischen Effekt.

Als deutliche Steigerung und erhöhte Anforderung an Gleichgewicht, Schenkelgehorsam und Erhalt des Flusses kann dieser Ablauf auch auf einer Acht geritten werden: Lange Seite Travers, Mitte der langen Seite halbe Volte rechts, bei X aus der Volte wechseln und im Renvers weiter. Danach zurück ins Travers wechseln, erneut ganze Bahn und sich über die Beweglich- und Nachgiebigkeit des Pferdes freuen.

Travers oder Renvers? Der Unterschied liegt lediglich in der Frage der Bewegungsrichtung.

Über die Seitengänge an sich

Renvers

Renvers

Nachdem jetzt bereits die beiden wesentlichen Seitengänge vorgestellt worden sind, geht es im Weiteren zu dem scheinbar schwierigsten über – dem Renvers. Wenn man sich jedoch vorstellt, dass das Renvers nur die Konterübung zum Travers ist (die ja hoffentlich schon geklappt hat), so verliert es schon seinen „Schrecken". Die Zeichnung auf Seite 75 zeigt, dass, wenn das Pferd immer die gleiche Biegung und Abstellung hat, sich lediglich die Bewegungsrichtung ändert. So hat das Kind einfach nur einen anderen Namen. Allerdings macht gerade diese sich ändernde Bewegungsrichtung die Seitengänge so interessant und für die Ausbildung so wertvoll.

Renvers ist als Begriff ebenfalls an das Französische angelehnt, wo es zwar nicht als Nomen existiert, aber als Verb „renverser" (umkehren) oder als Adjektiv „renversé" (umgekehrt). In seiner Bedeutung bezieht es sich damit indirekt auf die Lektion Travers, das als Renvers eben umgekehrt geritten wird, das heißt statt mit der Hinterhand ins Bahninnere mit der Hinterhand zur Wand. Als reiterliche Lektion wird es im Französischen daher auch „Tête en dedans" (Kopf nach innen) oder „Croupe en dehors" (Kruppe nach außen) genannt. Auch im Deutschen kennt man den Begriff Kruppeheraus, der wiederum für den lernenden Reiter viel einleuchtender ist als Renvers oder vielleicht Kontertravers.

Um den Rahmen des Buches – und eventuell auch die Köpfe der Leser – nicht zu sprengen, wird das Thema Renvers im Vergleich zu den beiden anderen Seitengängen eher kurz gehalten sein.

Das Renvers auf vier Hufschlaglinien sollte vom Lernenden zunächst nur in kurzen Phasen geübt werden, da es vom Pferd viel Kraft und Konzentration fordert.

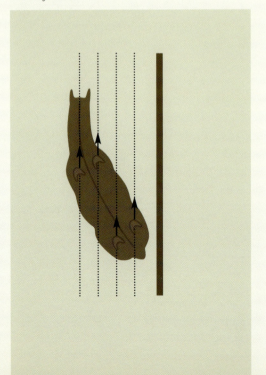

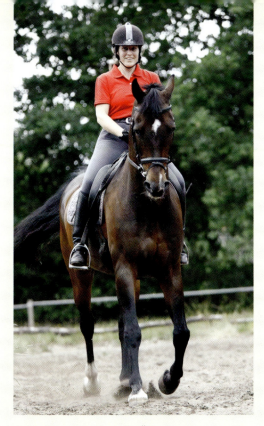

Am Anfang, um sich an die Übung heranzutasten, beginnt man erst einmal mit weniger Abstellung, bevor Anspruch und Anforderung steigen.

kreuzen jetzt sowohl die Vorderbeine als auch die Hinterbeine.

In der Anfangsphase empfiehlt sich auch hier, erst einmal zugunsten des besseren Verständnisses und des Erhalts der Vorwärtsbewegung mit weniger Abstellung zufrieden zu sein. Daher nur so viel verlangen, dass das alte äußere Vorderbein dem alten inneren Hinterbein vorausgeht. Je sicherer dieses wird, desto mehr kann nach vermehrter Abstellung gefragt werden.

Gymnastischer Wert und Nutzen für die Ausbildung

Auf gerader Linie unterscheidet sich der gymnastische Effekt des Renvers kaum vom Travers, außer dass das Pferd deutlich stärker im Gleichgewicht geschult wird, weil es sich nicht – wie im Travers – mit Kopf, Hals und Schulter an der Bande „anlehnen" kann, sondern sich auf einer freien Linie bewegt. Die positiven Wirkungen in puncto Hankenbeugung, Aufrichtung, Schenkelgehorsam, Schulterfreiheit, Aufmerksamkeit werden wie beim Travers auch im Renvers erreicht.

Zudem ergibt sich ein besonderer Effekt durch kurze Wechsel von Innen- und Außenstellung und -biegung ohne Handwechsel. Dadurch bewirke ich die Biegung der (alten) äußeren Seite und Dehnung der (alten) inneren und fördere so die Geschmeidigkeit des Pferdes.

Für die Ausbildung des Reiters ist das Renvers eine nützliche Übung, um ihn geschickter in Führung und Einwirkung zu machen.

Zuerst werden der lernende Reiter und/oder das lernende Pferd Renvers im Schritt kennenlernen. Es kann aber auch im Trab geritten werden, wobei der versammelte Trab den größten gymnastizierenden Effekt hat, wenn

Darüber hinaus ist es hier auch nicht ganz einfach, den Überblick zu behalten, wenn zum Beispiel bei einem Übungsablauf mit Renvers die Biegung in Bewegungsrichtung sich so verändert, dass aus der alten inneren Seite die neue äußere wird – wohingegen aus der alten äußeren die neue innere wird, das aber auch nur so lange, wie man nicht wechselt und die Biegungen beibehält und so die neue innere wieder die alte äußere ist und die alte äußere wieder die neue innere wird. Alles klar?

Das Renvers ist die Konterlektion zum Travers, das Pferd ist also ebenfalls in Bewegungsrichtung gestellt und gebogen, jedoch wird beim Renvers die Vorhand hereingebracht, sodass nun das (alte) äußere Vorderbein dem (alten) inneren Hinterbein vorausgeht. Bei einem Abstellungswinkel von circa 30 Grad geht das Pferd somit auf vier Hufschlaglinien. Dabei

Hier wird das Renvers an der Hand mit zu viel Abstellung bei zu wenig Biegung ausgeführt.

das Pferd nicht zu stark abgestellt ist, da sonst das neue innere Hinterbein nicht genügend Last aufnehmen kann.

Hilfengebung

Die Hilfengebung wird entsprechend dem Travers gestaltet, nur dass der Reiter sich an einer gedachten Linie orientiert und sich bewusst ist, dass sich zur tatsächlichen äußeren Wand hin die (neue) innere Seite des Pferdes befindet. Der neue äußere Zügel bringt zusammen mit dem neuen inneren Schenkel die Vorhand so weit herein, dass ein Betrachter von vorn vier Beine auf vier Hufschlaglinien sieht. Aufgrund der fehlenden Begrenzung zur (neuen) äußeren Seite hin haben die äußeren Hilfen eine noch größere Bedeutung. Zur Beendigung der Übung führt der Reiter sein Pferd mit einer seitwärts weisenden Zügelhilfe zurück auf den Hufschlag.

Typische Fehler und mögliche Korrektur

Viele Fehler entsprechen denen des Travers, hier wird nur hinzugefügt, was speziell für das Renvers gilt:

Durch ein zu weites Hereinführen der Vorhand kann sich das Pferd der versammelnden Wirkung der Übung entziehen. Der Reiter sollte als Abhilfe die Vorhand mehr zur Wand zurückführen und so das Gleichmaß der Bewegung wiederherstellen.

Einem gelegentlichen Verwerfen des Pferdes im Genick, falls es nur für einen Augenblick auftritt, kann der Reiter durch Nachgeben mit

Fehler im Renvers: zu viel Abstellung bei kaum Biegung.

O bgleich Schulterherein und Kruppe-an-der-Mauer vortreffliche Lektionen sind, dem Pferde die Gelenkigkeit, Biegung und schöne Gestalt zu geben, wohin es gehen muß, um mit Anstand und Leichtigkeit zu arbeiten, so darf man deswegen die Übungen im Trab auf gerader Linie und den Zirkeln nicht auf die Seite setzen. Sie sind der erste Grund, zu welchem man immer wieder zurückkehren muß, um das Pferd in einer herzhaften und angehaltenen Bewegung der Schultern zu unterhalten und zu bestätigen.

François Robichon de la Guérinière

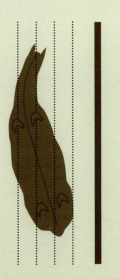

Fehler im Renvers: zu wenig Abstellung mit Verbiegen des Halses.

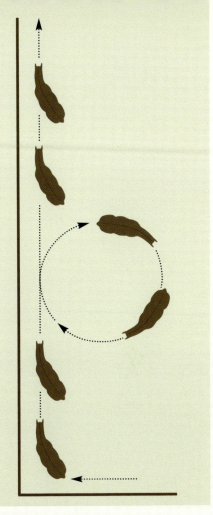

Um die Biegung zu verbessern, kann eine Volte in Biegungsrichtung eingebaut werden, bevor das Renvers fortgesetzt wird.

der Hand, in deren Richtung sich das Pferd verwirft, oder durch ein leichtes Anheben der anderen Hand und Nachtreiben entgegenwirken. Sollte es nicht gleich wieder an beide Zügel gleichmäßig herantreten, muss die Übung abgebrochen werden und eine korrekte Stellung und Biegung auf gebogenen Linien wiederhergestellt werden.

Hilfreich kann auch ein kurzes Umstellen ins Schulterherein sein, um für einen Moment die Muskulatur wieder in alter Form anzusprechen.

Genauso hat es sich bei Schwierigkeiten bewährt, einfach aus dem Renvers eine Volte in der gleichen Biegung einzubeziehen.

Renvers ist dann richtig, wenn ...

Hier bedarf es ebenfalls keiner großen Aufzählung, da vieles beim Travers (siehe Seite 78) bereits beschrieben wurde. Merkt man im Verlauf des Renvers an der langen Seite, dass das Pferd weniger oder gar nicht mehr zurück zur Bande drängt, so ist hier schon ein Fortschritt erzielt worden.

Ebenfalls als Fortschritt ist es anzusehen, wenn aus dem Renvers heraus geradeaus ohne Schwierigkeiten mit dem Gleichgewicht zugelegt werden kann.

Oder, zusammenfassend gesagt: Alles, was sich im Verlauf des Seitenganges geschmeidiger und leichter anfühlt, geht in die richtige Richtung.

Entwicklung der Übung

Das Renvers kann in unterschiedlicher Weise eingeleitet werden. Welche letztendlich hilfreich ist, muss vor Ort „benutzerdefiniert" herausgearbeitet werden. Hier einige Vorschläge:

- Aus dem Schulterherein wird das Pferd, das sich ja schon mit der Vorhand im Bahninneren und mit der Hinterhand auf dem Hufschlag befindet, in die Bewegungsrichtung umgestellt und -gebogen.
- Durch Außenstellung nach der Ecke und Hereinführen der Vorhand leitet man das Renvers

Entwicklung des Renvers aus der „unvollendeten" Traversale:

Wichtigste Aufgabe ist das Abfangen der Vorhand.

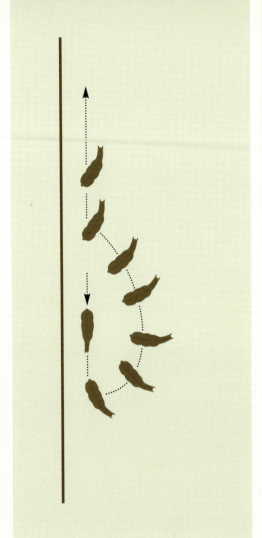

Das Renvers kann außerdem gut aus dem Kurzkehrt entwickelt werden.

ein und nimmt dann die Biegung in Bewegungsrichtung hinzu.
- Kurz vor Ende einer Traversale fängt man die Vorhand ab und lässt sie auf dem zweiten Hufschlag weitergehen, während die Hinterhand auf den Hufschlag einschwenkt.
- Vor dem Beenden einer Kurzkehrtwendung, in der sich das Pferd schon in Renversbiegung befindet, wird das Pferd parallel zum Hufschlag vorwärts geschickt.
- Aus dem Travers auf dem Zirkel aus dem Zirkel wechseln ohne Veränderung von Stellung und Biegung.

Weiterführende Übungsabläufe

- In den Übungsabläufen mit Travers (siehe oben ab Seite 79) wurde die Wechselübung mit Renvers schon beschrieben. Wenn man nun diese Übung im Renvers beginnt und mit einem Handwechsel in das Travers wechselt, hat das der Bande zugewandte (alte und neue) äußere Hinterbein immer die Aufgabe, unter den Schwerpunkt zu treten. Allerdings hat es dafür im Renvers einen weiteren Weg, ist also gewohnt, etwas mehr zu arbeiten.

  So kann es bei diesem Wechsel zum Travers die Beugefreudigkeit beibehalten, hat es aber durch den kürzeren Weg etwas leichter, was wiederum einen positiven Effekt für das Travers besitzt. Hier folgt man dem Prinzip, etwas für das Pferd Schwieriges (in diesem Fall Travers) zu verbessern, indem man die Anforderung in Hinblick auf Konzentration und Gymnastizierung noch weiter steigert, um danach wieder zur einst so schwierigen Anfangsübung zurückzukehren.

- Mithilfe des Renvers kann das Anspringen im Kontergalopp gut vorbereitet werden, zum Beispiel durch folgenden Ablauf: großzügig angelegter Mittelzirkel, Renvers – auf dem Weg von der Mittellinie zur Bande (E oder B) hin im Kontergalopp angaloppieren – für eine halbe oder eine Runde auf dem Mittelzirkel bleiben. Der Ort des Angaloppierens ist wichtig, da das Pferd hier nicht gleichzeitig gewendet werden muss – das wären zwei Aufgaben gleichzeitig, denen es womöglich nicht gewachsen wäre. Mögliche Fortsetzung: ohne Galoppwechsel in die Ecke kehrt – Zirkel im Handgalopp. In diesem Ablauf lässt sich insbesondere der Handgalopp durch die kurze versammelnde

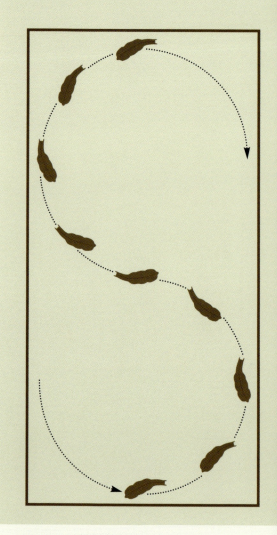

Einfach die Richtung wechseln – schon wird aus dem Renvers das Travers.

Phase mit Entlastung der inneren Schulter verbessern.

- Als eine vorbereitende Übung für den fliegenden Galoppwechsel hat sich der folgende Ablauf bewährt: Beginn im Schritt auf dem Zirkel. Dann Wechsel zwischen Travers, Handgalopp, Schritt und Renvers, dann Kontergalopp und wieder Schritt. Später die Schrittpause nur andeuten und gleich wieder

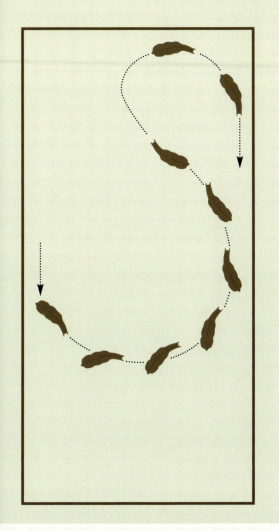

- Vorbereitung und Verbesserung von Traversalen (Biegung, Beugung Hinterbein): im Renvers in die Ecke kehrt, daraus Traversale zum Beispiel von F nach X. Durch die Biegung ist das Pferd schon auf die kommende Arbeit vorbereitet, es braucht nur noch die Richtung.

Diese Abfolge könnte man beliebig fortsetzen. Mit in die Abläufe kann man natürlich noch die Mittellinie als Startpunkt ebenso wie das Zulegen und Einfangen einbeziehen. Dann kann man auch noch anpiaffieren ... Allerdings hat man mit dem bisher Beschriebenen erst einmal schon einiges zu tun. Und es geht ja jetzt weiter mit den Traversalen – auch wieder ein schönes Thema.

So lässt sich die Traversale ab der Mittellinie aus dem Renvers entwickeln.

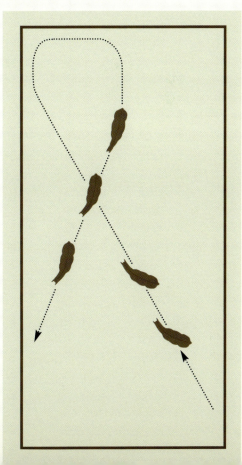

Ebenfalls eine sinnvolle Übungsabfolge: Angaloppieren im Kontergalopp im Renvers aus dem Mittelzirkel heraus, anschließend in die Ecke kehrt.

angaloppieren. Im weiteren Verlauf immer eher die Hilfen für den neuen Galopp ansagen. Auf die Weise bedarf es später nur eines geringen Aufwands, das Pferd zum Wechseln zu bringen, da es körperlich gut vorbereitet ist, aber auch gemerkt hat, wie anstrengend die Übergänge sein können und wie einfach das Umspringen sein kann.

Traversale

Traversale

Reitet man nur die Traversalen, so sind diese im Vergleich zu den anderen Seitengängen in ihrem gymnastischen Wert begrenzt. Andererseits können sie sehr gut zur Überprüfung des Ausbildungsstandes genutzt werden. Kombiniert man sie mit anderen Seitengängen, so ist man in der Lage, auf kurzer Strecke jegliche Anforderungen an Gleichgewicht, Abfußen, Tragen, Sitz und Einwirkung abzufragen. Wird der Gang anschließend freier, ausdrucksstärker und versammelter, so war das Reiten der Traversale erfolgreich.

Bei allen Traversalen ist das Pferd in Bewegungsrichtung in seiner Längsachse gestellt und gebogen. Es geht hierbei in einer Vorwärts-Seitwärts-Bewegung entlang einer gedachten diagonalen Linie, wobei die Vorhand der Hinterhand je nach Ausbildungsstand mehr oder weniger weit vorausgeht.

Biegung und Abstellungsgrad richten sich nach der Linienführung und der Versammlungsfähigkeit des Pferdes.

Gymnastischer Wert und Nutzen für die Ausbildung

Durch die Genauigkeit der Ausführung in Verbindung mit der Bewegungsrichtung nach vorwärts-seitwärts verstärkt sich die Gewichtsaufnahme auf das innere Hinterbein, über das sich die Last immer wieder hinwegschiebt, während die äußeren Beine zum vermehrten Übertreten angeregt werden. Die Aufmerksamkeit des Pferdes wird gefördert und darüber hinaus die gleichmäßige Durchbildung und Gymnastizierung überprüft.

Aufgrund des vermehrten „Setzens" auf die Hinterhand (Hankenbeugung, Tragkraft) und einer stärkeren Aufrichtung erzielen wir eine Verbesserung der Schulterfreiheit – das sogenannte „Spielbein" kommt gut heraus. Dem Betrachter zeigt sich laut Oberst Waldemar Seunig „ein charmant gehendes Pferd, welches durch einen freien, erhabenen Austritt besticht".

Eine Verbesserung der Reaktion auf die Reiterhilfen und eine andere Anfrage an das Gleichgewicht wird in Richtungsänderungen gefordert und gefördert, beispielsweise in der Zick-Zack-Traversale. Ihre vollendete Ausführung beweist überdies einen hohen Grad von Schwung und Durchlässigkeit.

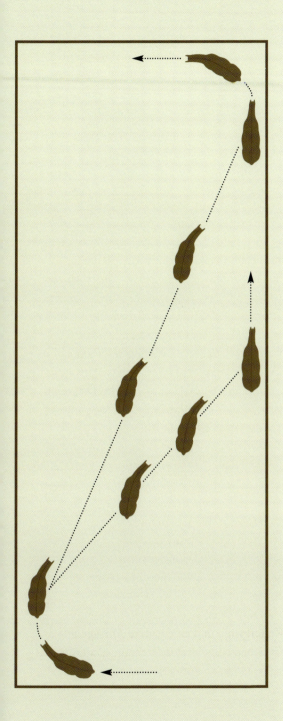

Traversalverschiebungen lassen sich je nach Ausbildungsstand in eher flachem oder etwas steilerem Winkel reiten.

Hilfengebung

Da eine Traversale nichts anderes ist als Travers entlang einer gedachten Linie, sind die Hilfen identisch. Ergänzt – und das ist das Schwierige dabei – durch die Vorwärts-Seitwärts-Bewegung. Die Haupteinwirkung des Reiters liegt somit in der diagonalen Hilfengebung und dem für die Seitwärtsbewegung notwendigen gedrehten Sitz (äußere Schulter und innere Hüfte vor).

Um Konzentration, Haltung und Tempo zu verändern, wird das Pferd kurz mit halben Paraden in die Hilfen eingeschlossen. Jetzt wird über das Schultervor dem Pferd der Weg gezeigt, um dann allein durch Verlagerung des Gewichtes die Verschiebung einzuleiten. „Als wollte er gedanklich schon vor dem Pferd sein", ist eine hilfreiche Ansage für den Reitschüler. Das Pferd wird so dem neuen Schwerpunkt des Reiters folgen.

Ist das Pferd auf der Reise, sorgt der äußere Schenkel für die Seitwärtsbewegung, wohingegen der innere neben dem Erhalt von Biegung und Vorwärts das gleichseitige Hinterbein zum energischen Abfußen und Vortreten anregt.

Kaum auf der Reise, müssen der äußere Zügel und der innere Schenkel den Grad der Biegung und Abstellung bestimmen. Der äußere Zügel hat zusätzlich die Aufgabe, den Hals am Widerrist festzustellen, denn die Halswirbel sind durch ihre anatomische Anordnung beweglicher als die übrigen Wirbel (siehe auch Seite 27) und verleiten sehr leicht zum Verbiegen.

Der innere Zügel sorgt für die Stellung und Nachgiebigkeit und lässt das Seitwärts heraus. Der äußere Schenkel sorgt für das Vor- und Übertreten des gleichseitigen Hinterbeins sowie für die Längsbiegung.

Der Reiter beendet die Traversale, indem er die Vorhand quasi auf dem zweiten Hufschlag abfängt und für einen sehr kurzen Moment Renvers reitet, bevor die Vorhand erneut auf die Hinterhand eingestellt wird.

Entwicklung der Übung

Die Vorstellung, dass eine Traversale eigentlich ein Travers entlang einer gedachten diagonalen Linie ist, ist vor allem für den lernenden Reiter sehr wichtig. Doch auch für das Pferd ist das ihm schon bekannte Travers zur Vorbereitung hilfreich, wie im folgenden Ablauf: lange Seite Travers – aus der Ecke kehrt – auf dem lang gezogenen Weg zurück zur Wand die Biegung und dann die äußeren Beine mitnehmen.

Die ersten Traversalen des jungen Pferdes und/oder des lernenden Reiters sollten, um Takt, Tempo und Schwung nicht zu verlieren, zunächst mit nur geringer Längsbiegung geritten werden, also „mehr hin als mit".

Geht es eines Tages an die Galopptraversalen, so ist mit besonderer Aufmerksamkeit zu

In der Galopptraversale ist besonders darauf zu achten, dass der taktmäßige Bergaufgalopp erhalten bleibt.

bewachen, dass es nicht zu einem Galoppieren hinter dem Gleichgewicht her kommt, sondern wirklich weiterhin ein ausbalancierter, taktmäßiger Bergaufgalopp in der Seitwärtsbewegung besteht. Eingeleitet wird sie ebenfalls durch Schultervor. Aber nicht überrascht sein – es geht alles sehr schnell!

> Beim Traversieren durch die Bahn ließ die Preußische Reitinstruktion von 1825 das Pferd, mit Beibehaltung der Front, die es auf gerader Linie hatte, in mäßiger Kopfstellung und Biegung, in schräger Direktion auf zwei Hufschlägen, zugleich vor- und seitwärts durch die Bahn schreiten, sodass seine Länge mit den langen Wänden derselben ungefähr parallel blieb und eine durch Kopf und Kruppe gezogene Linie fast senkrecht auf die schmalen Wände der Bahn fiel.
>
> *Preußische Reitinstruktion von 1825*

> Erst Hin(-reiten), dann Mit(-nahme der äußeren Beine).
>
> *Johann Riegler, ehemaliger Oberbereiter der Spanischen Reitschule Wien*

Verschiedene Traversalverschiebungen

Der Vollständigkeit halber seien hier jetzt noch einmal die verschiedenen Traversalen aufgelistet. Natürlich sind besonders die schwierigeren nicht gleich etwas für jeden. Aber es kann ruhig gelten: „Angucken: ja, Ausprobieren: auch ja."

Sofern es nicht übertrieben wird, macht es nichts, wenn es nicht klappt. Im Parcours fällt ja auch einmal eine Stange und man reitet trotzdem den nächsten Sprung an. Dass die Verschiebungen, in welcher Form auch immer, eines Tages gelingen müssen, ist klar, aber es muss ja nicht beim ersten Mal sein. Also nicht gleich verzweifeln, eher sogar herausfinden, ob man aus den Versuchen vielleicht doch etwas Positives mitgenommen hat, eventuell bergen sie ungeahnte Möglichkeiten zur Korrektur oder Weiterarbeit.

Folgende Traversalen gibt es: halbe, doppelte halbe, ganze, doppelte ganze sowie Zick-Zack-Traversalen.

Der *halbe Travers* ist die einfachste Art der Verschiebung. Hierbei wird der Reiter zunächst nur ein lang gezogenes „Aus der Ecke kehrt" mit verkleinernden Hilfen reiten. Im Verlauf der weiteren Ausbildung wird diese Linie in eine genauere Form gebracht und nach mehr gefragt.

(Einfache) halbe Traversalen beginnen am Hufschlag und reichen bis zur Mittellinie, sie können jedoch auch andersherum geritten werden.

Die *doppelte halbe Traversale* besteht aus zwei miteinander kombinierten halben Traversalen, wobei in der Regel vom Hufschlag bis zur Mittellinie (X) und wieder zurück geritten wird, oder umgekehrt von der Mittellinie bis zur Mitte der langen Seite und wieder zurück zum Hufschlag. Vom Bild her kann man die Übung „Viereck verkleinern und vergrößern" vor Augen haben.

Beim Umstellen vor dem Richtungswechsel wird das Pferd eine Pferdelänge geradeaus gerichtet, in der Galopptraversale erfolgt hier der fliegende Galoppwechsel.

Eine (einfache) *ganze Traversale* reicht von einer langen Seite quer über („en travers") die Breite des Vierecks bis zur gegenüberliegenden langen Seite, also auf einer Diagonallinie durch die ganze Bahn. Auf dieser langen Linie können besonders das „Durchhaltevermögen" bezüglich des fleißigen Übertritts, die Längsbiegung sowie Takt und Schwung überprüft werden.

Die *doppelte ganze Traversale* besteht wiederum aus zwei ganzen Traversalen, die direkt nacheinander „hin und zurück" quer über das große Dressurviereck geritten werden, also beispielsweise von K bis B und von B zurück bis H.

Eine *Zick-Zack-Traversale* enthält mehr als einen Richtungswechsel, meist sind es zwei, drei, manchmal auch vier Wechsel entlang der Mittellinie. Die Zick-Zack-Traversalen gehören zu den anspruchsvollsten Lektionen einer schweren Dressurprüfung. Hier werden Durchlässigkeit, Gleichgewicht, erhöhte Aufmerksamkeit auf die Reiterhilfen und die Geschmeidigkeit zu beiden Seiten im sicheren Vorwärts verlangt und überprüft.

Typische Fehler und mögliche Korrektur

Den meisten Fehlern sind wir schon bei den anderen Seitengängen begegnet. Deshalb ge-

Eventuelle Unregelmäßigkeiten beim Reiter	Mögliche Ursache	Lösungsmöglichkeiten
Das Pferd schiebt bei einer Traversale, die zurück zur Wand führt, sofort die Hinterhand voraus (zu frühes Ankommen).	• Der Reiter hat dem Seitwärts mehr Bedeutung geschenkt als dem Vorwärts.	• „Erst hin, dann mit" immer wieder vor Augen führen.
	• Übung wurde zu früh eingeleitet.	• Erst Geraderichten, dann Schultervor im Geradeaus absichern.
	• Zu viel Biegung wurde gefordert.	• Seitwärts weisende Zügelhilfe einbauen.
	• Äußerer Schenkel ist zu aktiv.	• Aus der Linksvolte zum Beispiel gleich in die Traversale rechts übergehen, ohne die Lage des äußeren Schenkels zu verändern.
	• Reiter knickt in äußerer Hüfte ein.	• Selbstwendung mehr betonen, Biegung beim Pferd absichern.
	• Inneres Hinterbein ist überfordert mit der Lastaufnahme.	• Weniger machen. • Volte vorweg und zwischendrin einbauen, eventuell mit Schultervor.
	• Seitliche Geschmeidigkeit reicht nicht aus oder geht verloren.	• Volten und/oder Achten einbauen.
	• Schulterlastigkeit außen, das Pferd ist in seiner Beweglichkeit blockiert, kann mit dem äußeren Vorderbein nicht über das innere kreuzen.	• Vor der Traversale (von der Mittellinie aus) nach rechts erst eine Volte nach links reiten: Innere Schulter hebt sich an, wird freier.
	• Reiter fordert zu viel zu früh und auf einmal, daher kommt es zu ungenauer oder falscher Hilfengebung.	• „Cut it (the problem) into peaces!" (Teile das Problem auf! – Zitat Philippe Karl)
Man kommt von der Ausgangslinie nicht weg.	• Zu viel und zu früh die äußeren Hilfen eingesetzt.	• Mit Schultervor beginnen, Gewichtshilfen mehr in den Vordergrund stellen.
Taktstörung, Taktfehler	• Pferd macht sich fest und wird trotz Blockade (meist innen) weiter gefordert.	• „Schraubstock" lösen, nicht alle Hilfen gleichzeitig, mit kleinen Schritten zufrieden sein.

Eventuelle Unregelmäßigkeiten beim Reiter	Mögliche Ursache	Lösungsmöglichkeiten
Absterben des Vorwärts.	• Zu große Anforderung an Kopf und Körper.	• Wenig Verschiebung, dann vorwärts. Das Vorwärts nutzen für aktiveres Seitwärts.
Anlehnungsfehler, besonders Verwerfen und Verkriechen hinter dem Zügel.	• Gleichgewichtsverlust, Anforderung in Hinblick auf Versammlungsbereitschaft zu hoch.	• Traversale im Leichttraben, da dann mehr Konzentration auf Vorwärts als auf Seitwärts besteht. • Auf gebogenen Linien erneut das Herantreten von hinten nach vorn ans Gebiss absichern.
Verbiegen des Halses.	• Falsches inneres Bild, falscher Zügeleinsatz. • Mangelnde Beweglichkeit der Hinterhand.	• Als Reitlehrer andere Erklärung bringen. • Neckreining, mit einer Hand reiten. • Travers absichern.
Ungenügender Übertritt.	• Zu geringe Anforderung gestellt. • Pferd kann nicht mehr.	• Anspruch steigern. • Allmähliche Steigerung auf kurzer Distanz.
Umherirren in der Bahn.	• Keine Vorstellung von der Linienführung.	• Klarer erklären, vormachen, Gasse mit Hilfsmitteln legen, durch die geritten wird.
Pferd wirft sich dem Ende entgegen, Vorhand „schabt" am Ende auf dem Hufschlag an der Bande entlang.	• Keine Kraft mehr vorhanden. • Das Führen der Vorhand vernachlässigt.	• Kurze Reprisen verlangen. • An Mini-Renvers zum Ende hin erinnern.

he ich nur auf die ein, die durch die zusätzliche Vorwärts-Seitwärts-Bewegung entstehen. Aufgrund der Übersichtlichkeit beschränke ich mich allerdings nur auf eine einfache Traversale.

„Per Anhalter reiten wollen" –
so fällt es leichter, in die neue Richtung zu kommen.

Traversalen sind dann richtig, wenn …

- … der Takt während, besonders aber nach dem Beenden der Verschiebung immer noch gleichmäßig ist.
- … das Tempo während und nach der Traversale zu variieren ist.
- … die Anlehnung stetig bleibt.
- … das Pferd jederzeit im Geradeaus wieder sicher an die Hand tritt.
- … an beiden Zügeln gleich viel Verbindung herrscht.
- … so viel Kraft und Energie aufgebaut wurde, dass das Pferd nur auf eine Verstärkung wartet.
- … jederzeit geradeaus an die Hand geritten werden kann.
- … ohne Probleme mit dem Gleichgewicht sofort eine Traversale in die andere Richtung geritten werden kann.
- … der Abstellungswinkel jederzeit verändert werden kann.
- … zumindest das Seitwärts mit einer Hand oder gar mit Halsring geritten werden kann.

Der Einbau von Volten bietet Korrekturmöglichkeiten, wenn Schwierigkeiten mit der Lastaufnahme oder der Verlust der Geschmeidigkeit auftreten.

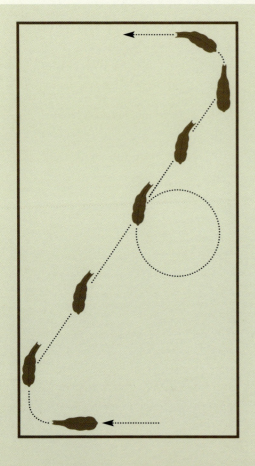

Seitwärts im Galopp – in Richtung Arbeitspirouette – nur mit Halsring geritten.

Weiterführende Übungsabläufe

Sind die Traversalen im Laufe der Ausbildung jetzt bekannter und abgesicherter, so kann man die Anforderungen steigern und Abläufe wählen, die durch die Traversalen gut vorbereitet wurden, andererseits aber wieder dazu dienen, sie zu verbessern.

Auch hier folgt an dieser Stelle nur eine kleine Auswahl, da man nach den ersten Versuchen bald auf eigene Ideen kommen wird. Es geht vor allem darum, im Laufe der Zeit Reaktionsfähigkeit, Gleichgewicht, Schulterfreiheit, Hinterhandaktivität und das Durchschwingen zu verbessern. Gelingt dies auch nur im kleinen Rahmen, so waren Abläufe und Durchführung richtig gewählt. Kann man jederzeit das frische Vorwärts sowie die Dehnungshaltung abfragen, ist man auf dem richtigen Weg.

- Für ein einfaches Heranführen an die Traversale weg von der Wand und für die Beweglichkeit der Schulter: halbe lange Seite

Schulterherein, Mitte der langen Seite Volte, daraus Traversale zur Mitte der kurzen Seite.

- Für ein energischeres Angaloppieren durch längere Vorbereitung des äußeren Hinterbeins, für mehr Schulterfreiheit in den ersten Galoppsprüngen sowie für ein bewussteres Beenden der Traversale: im Trab von der Mittellinie aus Traversale Richtung Mitte der langen Seite, auf dem zweiten Hufschlag die Vorhand abfangen, Stellung innen geben. Angaloppieren, solange das äußere Hinterbein (welches in der Traversale ja das sich beugende innere war) sich noch an diese Arbeit „erinnert".

- Für genaues Reiten, Beweglichkeit vor allem der Hinterhand und des Reitergeistes, für das schnell wechselnde Beugen und Schieben des inneren Hinterbeins sowie für die Abfrage des Gleichgewichts durch schnellen Wechsel der Übungen: im Trab von der Mittellinie aus Traversale bis zur Mitte der langen Seite, dort im Renvers weiter und gleich in die Ecke kehrt. Vom Wechselpunkt aus sofort Traversale zurück zur Mittellinie und Tritte verlängern.

- Für eine Verbesserung der Beugefähigkeit des inneren Hinterbeins und eine sichere Führung außen in der Traversale sowie für

Für energischeres Angaloppieren: In der Traversale zum Hufschlag und für den ersten Galoppsprung das aktivierte äußere Hinterbein nutzen.

Präzision erfordert die Übungsabfolge aus Traversale, Renvers, in die Ecke kehrt und erneuter Traversale.

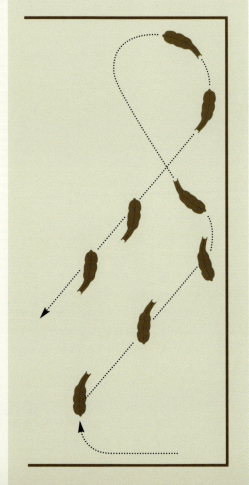

*Immer bei der Entwicklung der Seitengänge eine wichtige Frage:
Ist das Vorwärts weiterhin gewährleistet? Oder direkter gefragt: Ist dies jederzeit machbar?*

den bewussteren Einsatz des Gewichts und für die Schulterfreiheit innen: im Trab von der Mittellinie aus Traversale bis zur Mitte der langen Seite, dort im Renvers weiter und gleich auf den Mittelzirkel abwenden. Je nach Versammlungsfähigkeit schon nach einer viertel oder erst nach einer dreiviertel Runde von der Mittellinie aus erneut zur Wand traversieren.

Wie man sieht, kann man mithilfe der Seitengänge und deren Wechsel mit anderen Übungen und Hufschlagfiguren – auch schon im kleinen Bereich – effektiv und abwechslungsreich arbeiten. Also sollte sich gemäß meiner Anfangsforderung niemand scheuen, sie „anzuprobieren". Wie sagt schon Dichterfürst Goethe: „(...)Was man nicht nutzt, ist eine schwere Last. Nur was der Augenblick erschafft, das wird er nutzen."

Hat viele positive Wirkungen: aus der Traversale ins Renvers, dann auf den Mittelzirkel und wieder in die Traversale.

Gewichtsverlagerung im Schulterherein – eine viel diskutierte Frage.

Schulterherein „spezial"

Nachdem ich ausführlich die Seitengänge beschrieben habe, möchte ich mich nun mit einem meiner Lieblingsthemen beschäftigen: der Gewichtsverlagerung im Schulterherein.

Herrscht bei fast allen Lektionen in der Reiterei Einigkeit über Sitz und Einwirkung, so gehen die Meinungen besonders hier auseinander. La Guérinière als „Erfinder" sagte nichts Konkretes über die Belastung. Umso mehr taten es die Meister nach ihm.

Nicht einmal 100 Jahre nach seinem Tod gab es schon unterschiedliche Ansichten darüber. Max Freiherr von Redwitz hat um 1900 in seinem Buch über die Seitengänge verschiedene Reitvorschriften seit 1825 miteinander verglichen und dargelegt. Gewicht nach innen oder außen verlagern? Die Ansichten darüber waren 50 zu 50.

In meinen Vorträgen mache ich dazu immer gern einen „Feldversuch": Schließen Sie die Augen und stellen Sie sich vor, Sie reiten auf Ihrem Reitplatz rechte Hand Schulterherein. Frieren Sie diesen Moment ein und betrachten Sie sich von außen: Wohin verlagern Sie Ihr Gewicht?

Steht eventuell noch jemand bei Ihnen, machen Sie gemeinsam den Versuch. Sie werden vom Ergebnis überrascht sein. Ich habe es bisher noch nicht erlebt, dass mehrere Reiter, selbst wenn sie dieselbe Gewichtsverlagerung beschreiben, eine einheitliche Begründung dazu liefern.

Aber, ich kann beruhigen: Bei den „Großen" ist es nicht anders. Ich habe mehr als 20 Ausbilder unterschiedlicher Disziplinen und Prägungen zu diesem Thema befragt. Es war nicht anders als oben beschrieben. Betrachtet man die Befragten beim Reiten, ist zwar kaum ein Unterschied in der Gewichtsverlagerung zu sehen, es gibt sogar Gemeinsamkeiten. Die Erklärungen dazu haben jedoch sehr unterschiedliche Gedankenansätze.

Mein Vater *Helmut Beck-Broichsitter* beispielsweise, gewissermaßen als Vertreter für „innen", forderte diese Belastung, jedoch nur in der Anfangsphase. Dann ließ er den Reiter mittig sitzen, damit dieser sich effektiv dem Bewegungsablauf anpassen konnte.

Bent Branderup, dänischer Ausbilder und Begründer der Akademischen Ritterschaft, lässt ebenfalls innen sitzen, da „nur so Pferd und Reiter im Schwerpunkt sind".

„Erhaltung und Verbesserung des Schwunges bei guter Bergauf-Tendenz. Dabei muss das Pferd vor dem Reiter an dessen vortreibender Hilfe sein." Dies ist bei *Christoph Hess*, Ausbildungsleiter bei der FN in Warendorf, das Entscheidende bei dieser Schlüssellektion der Reiterei. Dabei möchte er, dass sich der Reiter, auf dem inneren belastenden Gesäßknochen sitzend, nach vorn-oben schwingen lässt.

Bettina Hoy, internationale Militaryreiterin, unter anderem Mannschaftsweltmeisterin 2006, stellt zunächst einmal das Vor-den-inneren-Hilfen-Stehen sicher. Dieses geht über das Reiten in Stellung, sowohl auf der gebogenen als dann auch auf der geraden Linie. Das Gewicht liegt leicht auf dem inneren Gesäßknochen, um Stellung und Biegung zu erleichtern. Dann über Schultervor ins Schulterherein. Beides reitet sie gern auch auf der Zirkellinie – nicht nur, um das Schulterherein zu erarbeiten, sondern auch, um an der Geraderichtung zu feilen.

Bei *Arthur Kottas-Heldenberg*, ehemaliger Erster Oberbereiter der Spanischen Reitschule, ist es hingegen bei gleichmäßiger Belastung beider Gesäßhälften nur etwas mehr Gewicht im inneren Bügel, das er beim Schulterherein spürt: „Es gibt nur eine Idee vom richtigen Sitz: immer im Gleichgewicht mit dem Pferd. Gefühl ist eine Voraussetzung. Der Sitz soll so gefestigt sein, dass ich mit Gefühl und nicht mit Kraft reite."

Aus derselben Schule, jedoch mit anderem Ansatz, beschreibt es einer meiner Ausbilder, der ehemalige Oberbereiter *Johann Riegler*: Er lässt innen hinten belasten, da „nur so das Pferd angeregt wird, das innere Hinterbein zu beugen und energisch abzufußen und gleichzeitig die äußere Schulter frei zu geben".

„Außenvertreter" ist beispielsweise *Claus Penquitt*, Begründer der Freizeitreit-Akademie, der in der Anfangsphase deshalb außen sitzen lässt, damit der Reiter nicht entgegen der Bewegungsrichtung sitzt und die inneren Beine am Kreuzen hindert. Später sieht er es wie Johann Riegler, jedoch mit der Begründung des verstärkten Untertretens. In der Endphase ist es mittiges Sitzen, da das Pferd hier keine verstärkten Hilfen braucht.

Von Anfang an eine mittige Position fordert *Richard Hinrichs*, da er aus dieser Position heraus mit einer „an der Senkrechten ausgerichteten Wirbelsäule" reagieren und aktiv gestaltend einwirken kann. „So passt das Pferd seine Bewegung der Belastung des Reiters an", meint der Leiter des Instituts für klassische Reiterei Hannover und klassische Ausbilder schlechthin.

„Der Reiter kann erst dann in Bewegungsrichtung sitzen, wenn das Pferd in Bewegung ist", dagegen *Horst Beckers* Äußerung, wobei auch er mittig sitzt. Der langjährige Schüler von Freddy Knie und Kurt Albrecht greift aber auch nur ein, „wenn es etwas zu verändern gibt".

Der französische Reitmeister *Marc de Broissia* lässt den äußeren Bügel nur leicht austreten, damit die innere Schulter frei zum Übertreten ist.

Für *Klaus Balkenhol*, mehrfacher Deutscher Meister, Mannschaftsweltmeister und -olympiasieger, kommt es darauf an, dass das Pferd mit dem inneren Hinterfuß unter den Schwerpunkt tritt. Nur so kann der Impuls aus der Hinterhand durchkommen. „Es muss im Prinzip wie von alleine laufen, auf leichte Hilfen hin reagieren, leichte Hilfen durchlassen. Darüber hinaus muss der (innen sitzende) Reiter erstmal lernen, geradeaus zu reiten. Das ist schon gar nicht einfach. Hat er da das Gleichgewicht, dann geht es in Richtung Schulterherein."

Christopher Bartle, der sowohl in der Dressur als auch in der Vielseitigkeit reiterlich wie auch als Trainer hocherfolgreich war, lässt seine Schüler das Gewicht über den inneren Steigbügel bringen. So, als würde er sich mit einem guten Freund einen Stuhl teilen – der Freund außen, er innen. Gerade sitzend, „wie für ein wunderschönes Foto".

Pierre Durand, ehemaliger Leiter des Cadre Noir (Saumur), lässt ebenfalls innen sitzen. Er beschreibt kurz und klar: „Beim Schulterherein handelt es sich um ein Geschmeidigmachen, bestehend im seitlichen Verschieben des gebogenen Pferdes. Die Hilfen ergeben sich daraus wie folgt: erstens Biegung, zweitens Seitwärtsbewegung des so geformten Kreisbogens."

Sören von Rönne als internationaler Springreiter und *Peter Kreinberg* als Westernreiter haben ganz ähnliche Gedankenansätze. Beide reiten eher „innerhalb der Bahn", also mehr auf gebogenen Linien beziehungsweise auch einmal spiralförmig (Kreinberg). Sitzt von Rönne mehr innen hinten, so ist Kreinberg eher passiv-mitschwingend im Sitz. Sein Bestreben ist vielmehr, dem Pferd die Hilfen verständlich zu machen.

„Innen mittig wegen der Biegung" lässt *Ellen Graepel*, aus der iberischen Reiterei kommend, sitzen, da Schulterherein ein Abbiegen sei, bei dem man nicht abbiege. „Ansonsten ist das alles zu viel Theorie. Der Reiter muss lernen zu fühlen."

Egon von Neindorff, ehemaliger Leiter des gleichnamigen Reitinstituts in Karlsruhe und einer der letzten großen Ausbilder des vorigen

Jahrhunderts, ließ zwar innen belasten, gab mir aber mehrfach zu verstehen, dass es für ihn wichtiger sei, dass der Reitschüler Gefühl und Einfühlungsvermögen entwickelt. Denn er ist „genau wie das Pferd Sender und Empfänger zugleich". Somit geben „die Regungen des Pferdes die Hilfen vor".

Philippe Karl, ehemaliger Bereiter in Saumur, jetzt Begründer der Ecole de Légèreté, hingegen unterscheidet sogar zwischen den Bewegungsphasen. Im Trab auf der rechten Hand, wenn das linke Beinpaar vortritt (vorn links, hinten rechts in der Luft), senkt sich die rechte Hüfte des Reiters ab, jetzt besteht die Möglichkeit zum Aktivieren des inneren Hinterbeins. Beim Vorschwingen des rechten Beinpaares (vorn rechts, hinten links in der Luft) und Absenken der linken Reiterhüfte sieht er den geeigneten Moment, um durch vermehrte Belastung links die Seitwärtsbewegung zu unterstützen. Als Lieblingsfrage an dieser Stelle von ihm immer gern gestellt: „Wohin gehen Sie, wenn ein Kind auf Ihren Schultern sitzt und sich nach links hängt?"

Interessanterweise gab es in der ehemaligen DDR, legt man das Buch von *Erich Oese* mit dem Titel *Pferdesport* zugrunde, auch die These, „das Gewicht stets nach der Gangrichtung zu verlegen". Diese Auffassung hielt sich bis zur sechsten, stark bearbeiteten und erweiterten Auflage von 1992. Von da an soll „im Regelfall das Gewicht innen wirken (also Austreten des inneren Bügels). In der Anfangsphase ist jedoch der Grundsatz zu bedenken, dass das Gewicht des Reiters in die Bewegungsrichtung zu wirken hat." So der ehemalige Präsident des Deutschen Pferdesport Verbandes der DDR.

Anders hingegen lautet es schon 1955 bei DDR-Autoren *Hans Huth* und *Bernhard von Albedyll*. „Innen sitzen, um das freie Treten des Pferdes nicht zu stören", beschreiben sie in ihrem Buch *Die Ausbildung von Reiter und Pferd*.

Horst Köhler, internationaler Dressurreiter und mehrfacher DDR-Meister in den 1960er-Jahren, ließ ebenfalls „aufgrund des Bewegungsablaufes gleich innen sitzen".

Für mich sieht die Gewichtsverteilung im Schulterherein wie folgt aus: Aus einer gebogenen Linie heraus, mit Belastung innen, reitet man die ganze Bahn so, als wollte man jeden Moment erneut abwenden. Innerer Schenkel und äußerer Zügel „sagen" aber geradeaus. Wenn der Weg der Vorhand ins Bahninnere gefunden wurde, weist man durch leichtes Belasten des äußeren Bügels dem Pferd den Weg entlang der Wand. „Wenn es nichts zu tun gibt", ist die Tendenz beim mittigen Sitzen, wobei man jedoch flexibel sein sollte, besonders zum Ende hin. Auf jeden Fall muss man so wirken und agieren, dass man, wie wir beim Aufbau von Hindernissen für Geländestrecken sagen, „dem Pferd eine klare Aufgabe stellt, die es nachvollziehen kann und durch die es Lust auf mehr bekommt".

Seitengänge in der Praxis

An dieser Stelle möchte ich jetzt die in diesem Buch gezeigten Reiterinnen mit ihren Pferden – und ihren individuellen „Problemzonen" – beschreiben. Anhand einer möglichen Unterrichtseinheit soll aufgezeigt werden, wie mithilfe der Seitengänge Übungen erarbeitet, verbessert oder gar Exterieurschwierigkeiten überwunden werden können. Zugrunde liegen natürlich eine entsprechende Aufwärmphase der Pferde sowie Pausen und die Herstellung der Ruhe am Schluss. Davor steht jedoch noch die Auswertung der Arbeit, „Trab des Trabes wegen", wie ich es immer nenne, um herauszufühlen, welche Veränderungen herausgearbeitet wurden – im Hinblick auf die Verbesserung von Takt, Regulierbarkeit des Tempos, Stetigkeit der Anlehnung und des energischen Abfußens der Hinterbeine in der Gesamtvorwärtsbewegung.

Andrea Glink und Pico

Andrea Glink und Pico –
Beweglich-Machen durch Seitengänge

Ein früher Einsatz der Seitengänge würde bei diesem Pferd, das aufgrund seiner steilen Hinterhand schon im Schritt Schwierigkeiten im Bewegungsablauf zeigt, dazu führen, dass es noch mehr aus dem Rhythmus kommen würde – deswegen nicht in der Anfangsphase.

Viel erreicht: Pico dehnt sich gut bei aktiver Hinterhand an die Hand heran.

Vielmehr geht es bei ihm darum, ihn beweglich zu machen, ihn „in Gang" zu bekommen.

Im Trab bauen wir viele Wendungen ein, erinnern ihn an Seitengänge durch vermehrtes Abfragen der Biegung auf dem Zirkel, bis hin zum Schultervor oder – als Steigerung – zum Leichttraben auf dem falschen Fuß, um ein energisches Abfußen des inneren Hinterbeins anzuregen (das dann im Moment des Hinsetzens abfußen will).

Mehr verlangen wir aber nicht, und immer wieder gibt es die Anforderung, das Pferd vorwärts herauszulassen auf der ganzen Bahn. Als hilfreich hat sich bei Pico der frühe Einsatz des Galopps erwiesen. Zuvor muss es jedoch gelingen, bei ihm das Angaloppieren energisch starten zu lassen.

Da er bei den „internationalen" Abläufen (also den normalen FN-Lektionen) gern eilig wird, haben wir das Angaloppieren aus dem Schultervor auf gebogener Linie oder aus dem Konterschultervor gewählt, um das äußeren Hinterbein so effektiv wie möglich auf seine Aufgabe vorzubereiten.

Jetzt ist er genügend gelöst und sich seiner Gliedmaßen bewusst, sodass wir darangehen können, ihn vorn und hinten beweglich zu machen. Er ist zwar gelöster als in der Anfangsphase, dennoch ist es schwer, ihn als „Gesamtpaket" zu bearbeiten. Deshalb bilden wir Schwerpunkte, um ihn zum Beispiel im vorderen Bereich beweglich zu machen, ohne den hinteren zu vernachlässigen beziehungsweise umgekehrt. Dazu wählen wir die Seitengänge im Schritt, etwa Schultervor bis Schulterherein auf verschiedenen Linien. Danach beziehen wir auch das Travers ein, schicken ihn aber immer wieder vor und fangen ihn ein. Zur Steigerung wird das Ganze teilweise auch auf freien Linien, also hufschlagfiguren-unabhängig, durchgeführt. In der Fortsetzung der Arbeit beschäftigen wir uns mit ähnlichen Abläufen im Trab.

zum Stehen gekommen ist. Daraus bieten sich förmlich Tempounterschiede im Trab an, mit der Vermittlung der Idee an das Rückwärtsrichten. Diese Übung weckt den Vorwärtsdrang des Pferdes und erhält die bereits an der Hand geweckte Beugefähigkeit.

Die Fortsetzung der Arbeit geht im „herkömmlichen Sinne" mit Leichttraben und Galopp auf verschiedenen Linien auf beiden Händen weiter. Nach einer Pause folgen das Absichern der Nachgiebigkeit und die vermehrte Arbeit an der Tragkraft, jetzt vorwiegend im Aussitzen, jedoch nur in kurzen Reprisen.

Dieses Ergebnis zeigt: Die beiden befinden sich auf dem richtigen Weg.

Andrea Hinz und Cahina

Andrea Hinz und Cahina –
von der Schub- zur Tragkraft

Die Stute neigt dazu, sich im Genick festzumachen oder sich nach oben zu entziehen, was sich auf die Entwicklung der Schub- und Tragkraft ungünstig auswirkt. Deswegen beschäftigen wir sie viel mit Arbeit an der Hand, viel Schulterherein mit Betonung der Biegung bis hin zu Travers und Renvers auf gebogener und gerader Linie, dann auch als Konterübung.

Daraus schicken wir sie immer wieder nach vorn, damit das, was wir seitlich an Beweglichkeit erreicht haben, ins Vorwärts übernommen werden kann. Es folgt für das energische Durchschwingen und Beugen der Hanken der Übergang vom Halten zum Rückwärtsrichten mit sofortigem Antraben, wenn das Pferd gerade nach dem letzten Tritt zurück

Astrid Brinkmann und Lucia

Ein Auszug aus der Arbeit an der Hand. Aus der Volte kommend, rechte und linke Hand im Wechsel, wird das Pferd die letzten Meter im Schultervor zurück zur Wand geführt und kurz vorher zu verkürzten Tritten angeregt. Dieser Ablauf dient dazu, die gleichmäßige Belastung der Hinterbeine vorzubereiten beziehungsweise erst das eine und dann das andere Hinterbein zum Beugen anzuregen. Zusätzlich gelingt es durch die Biegung auf der Volte, das Pferd im Schulter-Kopf-Bereich freier zu bekommen. Im weiteren Verlauf bieten sich als Steigerung dieser Übung auch verschiedene Kombinationen der Seitengänge im schnelleren Wechsel an.

Dank klarer Abläufe und bewussten Wirkens sind entspannte Traversalen keine Schwierigkeit mehr.

Astrid Brinkmann und Lucia –
Eifer in richtige Bahnen lenken

Bei dieser engagierten, teilweise auch zu eifrigen Stute geht es darum, ihre Angebote in die richtige Richtung zu lenken. Hier haben wir mit der Vorbereitung an der Hand sehr gute Erfahrungen gesammelt, da mehr der Kopf als der Körper gefordert wird. Mit gezielt eingesetzten Seitengängen, der häufigen Abfrage der Dehnungshaltung sowie dem „emotionslosen" Halten (Richard Hinrichs) haben wir ein gutes Mittel gefunden, die Stute in gut drei Jahren unter anderem zum Akzeptieren der Gerte, zu ersten Piaffetritten und zu Vorübungen zu fliegenden Wechseln zu bringen.

Christina Packeiser und Lancaster

Beim Reiten wird diese Arbeit fortgesetzt, größtes Augenmerk liegt auf Dehnung und Ruhe, um die Losgelassenheit zu erhalten und abzusichern. In kurzen Reprisen werden die Seitengänge abgefordert, teilweise auch im Leichttraben, um das Vorwärts immer wieder herauszustellen, aber auch, um einem „Versammlungsangebot" der Stute vorzubeugen.

Für den Galopp lasse ich das Paar auf dem Mittelzirkel aus dem Travers im Handgalopp und aus dem Renvers im Außengalopp angaloppieren, um das jeweilige Hinterbein, welches den Galopp ja beginnt, schon auf die Lastaufnahme vorzubereiten und die jeweilige innere Schulter frei zu bekommen.

Aus den genannten Abläufen lassen sich dann der fliegende Galoppwechsel, Traversalverschiebungen oder das Anpiaffieren entwickeln.

Christina Packeiser und Lancaster –
neue Abläufe gegen ein altes Schema

Dieses Pferd steht als Rechteckpferd über viel Boden, und aufgrund der längeren Extremitäten fällt ihm das Kreuzen der Beine bei den Seitengängen leicht. Das wirkt sich grundsätzlich positiv auf Gleichgewicht, Raumgewinn und Schubentwicklung aus, birgt jedoch das Risiko, dass zu viel Schwungentwicklung auf Kosten des Gleichgewichts und der Biegung geht. Häufig kommt es gerade bei ihm dazu, dass er sein Gleichgewicht durch Abstützen mit der Vorhand oder durch Eiligwerden sucht. Er braucht zum Beispiel nur eine Diagonale zu sehen und ist schon im Standardablauf „K-X-M: Mitteltrab"!

Nach gezielten Abläufen ist ein gesetzteres Angaloppieren machbar, bei dem das Pferd auf die Hilfen der Reiterin wartet.

Da bei ihm der Verlust des Vorwärts kaum gegeben ist, hat es sich bewährt, ihn schon früh mit den Seitengängen im Schritt zu gymnastizieren. Dafür wählen wir Abläufe, die ihn besonders in den Schultern beweglich machen und die seine Beweglichkeit im weiteren Verlauf erhalten – mit dem Ziel, ihn vorn zu entlasten und hinten zu belasten.

Es sind dann zu viele Seitengänge im Schritt geritten worden, wenn der Reiter merkt, dass der Vorwärtsgedanke verloren geht und er zu viel Aufwand betreiben muss, um das Pferd wieder zu wecken.

Zum Thema Mitteltrab: Damit Lancaster nicht an alte Gewohnheiten anknüpft, einfach losläuft und sich auf der Vorhand abstützt, entwickeln wir das Zulegen aus dem Schulterherein auf Linien, wo er es – positiv gedacht – nicht erwartet. Dies hat den Vorteil, dass er aufmerksam bleibt und wir die Kraft, die wir durch Schulterherein in der Hinterhand gesammelt haben, für kurze Strecken sofort und regulierbar abrufen können.

Ein weiteres Thema bei diesem Pferd ist der klare Durchsprung im Galopp. Hier helfen Konterstellung und -biegung im Handgalopp, Schultervor beim Vergrößern des Zirkels sowie Hand- und Außengalopp im Wechsel aus Travers und Renvers. Tempounterschiede sind geeignete Maßnahmen, um die Schulter frei zu machen und die Hinterhand immer wieder zum erneuten Angaloppieren anzuregen.

Johannes Beck-Broichsitter und Wallenstein –
durch Plan G (Gelände) zu Vertrauen und Sicherheit

Bevor Wallenstein sechsjährig zu mir kam, waren schon mehrere Reiter von ihm heruntergefallen, sodass seine Furcht vor etwas von oben oder hinten stark ausgeprägt war. Interessanterweise galt dies nur in Bereichen, die ihn an Dressur erinnerten.

Somit war für mich sein Ausbildungsweg schon vorgegeben: Gelände. Das Galoppieren und Springen kleiner Hindernisse in der Gruppe diente zunächst nur dazu, bei ihm das Vertrauen in den Reiter und in sich selbst wiederherzustellen. Dies gelang durch einfache, für ihn klar nachzuvollziehende Abläufe.

Parallel dazu stand das Gymnastizieren in der Halle auf dem Plan – sei es in Form von Arbeit an der Hand, Freispringen, Longieren oder als leichte lösende Arbeit unter dem Sattel. Nach eineinhalb Jahren ließen sich dann ohne größere Schwierigkeiten dressurmäßige Grundübungen in der Halle reiten. „Freundliche Seitengänge" an der Hand konnten ins Programm aufgenommen werden. Als weitere Aufgaben stehen jetzt zum Beispiel längere Phasen des Aussitzens sowie anspruchsvollere Geländehindernisse an.

Der Autor Johannes Beck-Broichsitter und Wallenstein

Serviervorschlag einer Unterrichtseinheit

Hier möchte ich nun einen kleinen Serviervorschlag für eine Unterrichtseinheit machen – mit Ideen zum Ablauf mit einem fortgeschrittenen Pferd sowie mit Hinweisen für die Arbeit mit einem jungen Pferd.

1. Phase:
Gewöhnungsphase

In dieser Phase geht es um die Arbeit an Takt, Losgelassenheit und das Herantreten an die Hand.

- Schritt auf freien Linien am längeren Zügel mit leichtem Kontakt. Dabei Tagesform erfühlen: Gibt es Verspannungen bei Pferd und Reiter? Wie wirkt sich die natürliche Schiefe heute aus? Wie ist es mit Kondition und Konzentration?
- Reiten von Wendungen, zum Beispiel Schlangenlinien durch die Bahn – alt, einfach, aber bewährt! Durch zügigen Wechsel der Anforderung vermehrt Augenmerk auf Selbstwendung und erste Biegung des Pferdes legen. Dabei ruhig mal in einer Art Neckreining (Zügel an Pferdehals) und Bügeltritt innen das Abwenden gestalten.
- Erstes Anfragen von Biegung, Hinterhand und Geraderichten auf beiden Händen durch freundliche Seitengänge auf dem Zirkel. Zügelkontakt so lang, dass man das Pferd noch auf den Wegen leiten, aber nicht durch zu kurze Zügel zum Festmachen verleiten kann. Ruhig auf der Hand beginnen, wo es einfacher ist, meist auf der hohlen Seite.
- Zügel aus der Hand kauen lassen, dabei freier Schritt. Sollte das Pferd Schwierigkeiten mit dem Dehnen der Muskeln der verkürzten Seite haben: Anforderung kurz steigern, indem Außenstellung/Biegung zur Wand im verkürzten Tempo gefordert wird. Danach erneutes Nachfragen nach Dehnung.
- Leichttraben: Um es effektiver und auch interessanter für das Pferd zu gestalten, kann man auch einmal Veränderungen von Gleichgewicht und Belastung der Hinterbeine einbauen, indem man auf dem anderen Fuß leichttrabt. Unabhängig von der Richtung die Biegung wechseln. Galopp eher unproblematisch gestalten, eventuell ebenfalls mal kleine Stellung nach außen fragen.
- Zügel aus der Hand kauen lassen. Pause. Auch nur im Halten. Das beruhigt und das Pferd kann mal „wegdenken".

2. Phase:
Entwicklung der Schubkraft

Hier stehen die Arbeit an der Absicherung der Anlehnung, der Aktivierung der Hinterhand und der Fortsetzung des Geraderichtens im Vordergrund.

- Aufgaben für das junge Pferd, sofern eine Idee von Anlehnung vorhanden ist, die Grundgangarten recht sicher und die Biegungen sowie Schultervor nicht unbekannt sind: Leichttraben im Wechsel mit Galopp, um den Vorwärtsgedanken wachzuhalten; Übergänge im Aussitzen; Biegung mitnehmen und an beide Zügel herantreten lassen; Auswertung des Erarbeiteten („Trab des Trabes wegen"); Leichttraben und Dehnung. Dieses Programm reicht für Kopf und Körper.
- Aufgaben für das weiter ausgebildete Pferd mit fortgeschrittener Geraderichtung, Balance und sicherem Beherrschen der Seitengänge: gezielte Arbeit an der Beweglichkeit

durch Wechsel der Abläufe in und mit den Seitengängen; immer wieder das Vorwärts mit einbeziehen. Jeder Seitengang ist nur so viel wert, wie die Bewegung danach schwungvoller ist.

3. Phase:
Entwicklung der Tragkraft

Es geht nun darum, das schwungvolle Vorwärts zu erhalten, gezielter am Geraderichten zu arbeiten und die Schubkraft in Tragkraft umzuwandeln.
- Übergänge in kurzer Abfolge
- Versammeln durch Einbeziehen der Seitengänge, Konterbiegung
- Pause
- Gegebenenfalls jetzt noch einmal kurze Schwerpunktbildung: ganze Paraden, Verstärkungen, Übergänge
- Auswertung der Arbeit, „Investition genießen", eventuell den Sitz bearbeiten oder auch einmal die Zügel in eine Hand nehmen
- Schritt am langen Zügel: Sind Takt und Tempo in Ordnung?
- Aufmarschieren, absitzen und das Pferd dort, wo es gearbeitet wurde, zur Ruhe kommen lassen.

Gedanken zur pädagogischen Gestaltung

Es gibt ein paar für mich als Ausbilder sehr wichtige Dinge, die das Lernen und Lehren ungemein erleichtern und die ich hier einmal kurz nennen möchte.
- Ein Blick in den Spiegel ist beim Auswerten sehr hilfreich: Wie ist das Bild zum Gefühl? Wie sieht das aus, was sich so und so gerade anfühlt?
- Bei einer gelungenen Übung nicht nur sagen, dass sie „gut" war, sondern sich fragen: Warum war es denn jetzt gerade so? Wie kann man es noch anders beschreiben? So kann man dieses Gefühl speichern und wird beim nächsten Reiten einen hilfreichen Anhaltspunkt haben.
- Eine angenehme Unterrichtssituation spielt eine nicht zu unterschätzende Rolle beim Lernen und Lehren. Dabei muss es ja nicht immer ein Klavierkonzert von Mozart oder ein Walzer von Strauß im Hintergrund sein, um konzentriert zu arbeiten. Aber es hilft ungemein. Beobachten Sie einmal die Paare und fühlen Sie mal, wie die Atmosphäre in einer Reithalle ist, wo das Radio nonstop Nachrichten und die neuesten Hits spielt. Es ist einfach eine weniger entspannte, die Pferd und Reiter hindern kann, sich tatsächlich loszulassen.
- Pferd und Reiter zeigen Unterschiede im Lernverhalten auf. Pferde sind zwar sehr lernfähig, können aber nur im gewissen Maße so kombinieren wie wir Menschen. Sie reagieren aus den Erfahrungen heraus, die sie gesammelt haben. Somit müssen Reiter und Ausbilder systematisch aufeinander aufgebaute Übungen anbieten und im Sinne von Xenophon „vom Leichten zum Schweren" an die Ausbildung herangehen.
- Sollte das Pferd dennoch einmal die Hilfen missverstanden haben, halten wir uns erneut an Xenophon, der uns warnt, dass es etwas „Unbedachtsames ist um den Zorn, bewirkt er doch oft etwas, das man hinterher bereut". Und ergeht es dem Reitschüler genauso, hören wir die Worte Pluvinels: „Es ist nicht gut, dass der Reitlehrer schreit, jagt er seinem Schüler so doch Angst ein."

Schlussbetrachtung und Ausblick

Wie ich in meinem Buch dargestellt habe, lassen sich die Seitengänge in vielerlei Hinsicht einsetzen: vom ersten Kennenlernen über das Erarbeiten bestimmter Abläufe bis hin zur Verbesserung höherer Lektionen. In Verbindung mit anderen Übungen ebnen sie uns sogar Wege für den berühmten Plan A, B oder C. Auf sie darf nicht verzichtet werden.

Ein Beispiel ist mein jetzt 28 Jahre alter Lipizzanerhengst Favory Roviga. Er hat sein Leben lang eine solide Ausbildung erhalten und wird auch heute noch regelmäßig gearbeitet. Er ist fit im Kopf und fragt förmlich nach der nächsten Aufgabe.

Gerade dies muss das Ziel der Ausbildung sein: ein Pferd heranzubilden, das im Rahmen seiner Möglichkeiten vielseitig ausgebildet ist. Dabei ist es gar nicht entscheidend, wie weit die Ausbildung vorangeschritten ist. Allein die Tatsache, dass man in der Reithalle ein harmonisches Bild bietet, sodass andere gern zusehen, reicht schon aus. Wer dann auch in der Lage ist, im Gelände von A nach B zu reiten, am besten im Galopp, und das Pferd selbst nach der Arbeit noch nach „mehr" fragt, der kann sich sicher sein, in der Ausbildung auf dem richtigen Weg zu sein. Jeder, der einmal auf solch einem Pferd gesessen hat, das zur Aufgabe hinzog – sei es der Mitteltrab, der Trailparcours oder das Geländehindernis –, der möchte dieses Gefühl nicht mehr missen und wird meinen Satz bestätigen:

> Es ist nicht schwer, den Pferden etwas beizubringen. Es ist viel schwerer, rechtzeitig wieder damit aufzuhören.
>
> *Johannes Beck-Broichsitter*

Somit können die Seitengänge gar nicht Selbstzweck, sondern nur Mittel zum Zweck sein, um vielseitige Pferde auszubilden.

Die systematische Ausbildung und ihr Ergebnis

Seitwärts unterwegs

122

Anhang

Danke

Ich möchte an dieser Stelle allen danken, die an der Entstehung dieses Buches beteiligt waren.

Allen voran natürlich den Reiterinnen, die teilweise in der mir eigenen Art – also spontan – geritten sind: Andrea Hinz, Andrea Glink, Astrid Brinkmann und Christina Packeiser. Ein besonderer Dank an Letztere, da sie mir außerdem bei der Schreibarbeit für dieses Manuskript eine große Hilfe war. Bei meiner Lektorin Anneke Bosse, die es mit der Fertigstellung meines Textes auch nicht leicht hatte. Und dann natürlich bei der Fotografin Christiane Slawik für ihre engagierte Art, immer wieder einen anderen Blickwinkel zu finden.

Mein ganz besonderer Dank gilt aber meinen Ausbildern und meinen Pferden, die mich zu dem gemacht haben, was ich heute bin:

- meinem Vater, der mir ein klares System vermittelt hat,
- Johann Riegler, der mich an einer jahrhundertealten Tradition hat teilhaben lassen,
- Philippe Karl, der mir durch seine Art und mit seinem System neue Wege aufgezeigt hat.

Mein abschließender Dank gilt meinem Lipizzanerhengst Favory Roviga. Er verbrachte seine Kindheit auf der Hochalm im Gestüt in Piber, bevor er acht Jahre lang in der Spanischen Hofreitschule Wien seine Grundausbildung bekam. Als er zwölf Jahre alt war, hatte meine Familie das Glück, ihn kaufen zu können. Mit ihm habe ich meine Meisterprüfung gemacht und bin ab 1993

quer durch Deutschland auf fast allen Messen und bedeutenden Veranstaltungen aufgetreten – mit Frack und Zylinder, am langen Zügel, mit Halfter oder nur mit Halsring unter anderem im Pas de deux mit einer Stute.

Aufgrund seiner Ausbildung, Veranlagung und Zähigkeit (zwei Koliken und drei Hufgeschwüre in 16 Jahren) gab es nie spezielle Problemzonen bei ihm zu bearbeiten. Vielmehr war es besonders bei Auftritten so, dass ich am Ende gar nicht wusste, „wer denn hier den anderen erzieht" (Goethe, *Über die Reitkunst*).

Roviga wird trotz seiner jetzt 28 Jahre noch regelmäßig gearbeitet, ich gehe mit ihm ins Gelände, er wird mit leichter Dressur beweglich gehalten und bei ausgewählten Reitschülern hin und wieder zum Erlernen der Arbeit an der Hand oder am langen Zügel eingesetzt.

Literatur

Beck-Broichsitter, Helmut:
Was heißt hier klassisch?
Eigendruck, 1995

Beck-Broichsitter, Johannes:
*Meisterarbeit Seitengänge
Entwicklung und Ausführung während
der Ausbildung eines Reitpferdes und
ihr gymnastischer Wert*, 1993

Boldt, Harry: *Das Dressurpferd*
Lage-Lippe: Edition Haberbeck, 1998

Branderup, Bent/Kern, Eberhard:
Renaissance Reiten nach Antoine de Pluvinel
Brunsbek: Cadmos, 2003

Dressurstudien: *Die Seitengänge*
Königswinter, 3/2006

Gless, Karlheinz:
Das Pferd im Militärwesen
Berlin: Militärverlag der Deutschen
Demokratischen Republik, 1980

Guérinière, François Robichon de la:
Barockes Reiten Brunsbek: Cadmos, 2000

Heuschmann, Dr. Gerd:
Finger in der Wunde
Schondorf: Wuwei, 2006

Hinrichs, Richard:
Tänzer an leichter Hand
Hannover: Verlag Wilhelm Schröder, 1989

Huth, Hans/von Albedyll, Bernhard:
*Die Ausbildung von Reiter und Pferd
Ein Handbuch der Reiterei*
Berlin: Sportverlag, 1955

Karl, Philippe: *Reitkunst*
München: BLV, 2000

Karl, Philippe:
Irrwege der modernen Dressur
Brunsbek: Cadmos, 2006

Lenz, Helmut: *Auf olympischen Parcours*
Berlin: VEB Deutscher Landwirtschafts
Verlag, 1989

Neindorff, Egon von:
Die reine Lehre der klassischen Reitkunst
Brunsbek: Cadmos, 2005

Oese, Erich: *Pferdesport Band 2*
Berlin: Sportverlag, 1992

Otte, Michaela: *Geschichte des Reitens*
Warendorf: FN-Verlag, 1994

Podhajsky, Alois: *Kleine Reitlehre*
Nymphenburg: Nymphenburger
Verlagshandlung, 1968

*Richtlinien für Reiten und Fahren Band 1:
Grundausbildung für Reiter und Pferd*
Warendorf: FN-Verlag, 1994

*Richtlinien für Reiten und Fahren Band 2:
Ausbildung für Fortgeschrittene*
Warendorf: FN-Verlag, 1997

Steinbrecht, Gustav:
Das Gymnasium des Pferdes
Brunsbek: Cadmos, 2001

von Redwitz, Max Freiherr:
Die Seitengänge (Nachdruck)
Aachen: Georgi, 1987

Xenophon: *Über die Reitkunst*
Stuttgart: Müller-Rüschlikon, 1984

CADMOS PFERDEBÜCHER

Philippe Karl
Irrwege der modernen Dressur

Philippe Karl ist einer der mutigsten Kritiker einer Dressurwelt, für die ein Pferd „Material" ist und deren Ausbildungsmethoden einzig darauf abzielen, ein Pferd möglichst schnell in hoch dotierten Prüfungen an den Start zu bringen. In seinem erfolgreichen Buch zeigt er die Irrwege der modernen Dressur auf und erklärt Lösungswege für eine der Kreatur gerecht werdende Schulung des Pferdes auf der Grundlage der Lehren historischer Reitmeister.

160 Seiten · farbig · gebunden · ISBN 978-386127-413-1

Branderup/Kern
Renaissance Reiten nach Antoine de Pluvinel

Antoine de Pluvinel, einer der bedeutendsten Reitmeister der Renaissance, zeigt in seinem 1625 veröffentlichten Werk am Beispiel des Reitunterrichts von König Ludwig XIII., wie Reiter und Pferd perfekt für den ritterlichen Nahkampf ausgebildet wurden. Bent Branderup und Eberhard Kern ist es in diesem Buch gelungen, die Gedanken Pluvinels neu zu beleben. Anhand von Texterklärungen und vielen anschaulichen Fotos wird dem Leser die Reitkunst der Ritter und Könige verständlich gemacht.

96 Seiten · farbig · gebunden · ISBN 978-386127-381-3

Oliver Hilberger
Gymnastizierende Arbeit an der Hand

Für die Dressurausbildung des Pferdes ist die klassische Arbeit an der Hand ein sehr wertvolles, leider jedoch oft unterschätztes und deshalb viel zu selten angewandtes Mittel. Dieses Buch führt Schritt für Schritt in die Grundlagen und ersten Lektionen ein, die auch dazu dienen, die spätere Arbeit unter dem Sattel und die Schulung in schwierigeren Übungen deutlich leichter gestalten zu können.

160 Seiten · farbig · broschiert
ISBN 978-386127-449-0

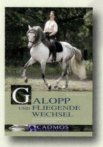

Ruth Giffels
Galopp und fliegende Wechsel

Dieses Buch gibt Anregungen zur systematischen Entwicklung des Galopps und der fliegenden Wechsel. Zahlreiche Beispiele für praktische Übungen helfen bei der Ausbildung, auch im Hinblick auf Turnierprüfungen. Die Verfeinerung der Hilfengebung vom Anfang der Galoppentwicklung bis hin zu den Einerwechseln wird beschrieben, damit Reiter und Pferde harmonischer zusammen finden.

112 Seiten · farbig · gebunden
ISBN 978-386127-395-0

Dr. med. vet. Erich Kotzab
Über die Biegung und Versammlung

Biegung, Versammlung, Kreuzhilfe – vertraute Begriffe, die doch allzu oft zu Verständnisproblemen zwischen Reitern und Pferden führen. Auf der Basis bewegungsphysiologischer Gesetzmäßigkeiten wird in diesem Buch aufgezeigt, was der Partner Pferd aufgrund seiner körperlichen Voraussetzungen überhaupt leisten kann. Die gewonnenen Erkenntnisse bieten revolutionäre Erklärungen und Lösungen für Reiter, Turnierrichter, Trainer und Tierärzte – zum Wohle des Pferdes.

144 Seiten · farbig · gebunden
ISBN 978-386127-436-0

Cadmos Verlag GmbH · Im Dorfe 11 · 22946 Brunsbek
Tel. 04107 8517-0 · Fax 04107 8517-12
Besuchen Sie uns im Internet: www.cadmos.de